FSC
www.fsc.org

MIX

Papier aus ver-
antwortungsvollen
Quellen
Paper from
responsible sources
FSC® C105338

Bibliografische Information der Deutschen Nationalbibliothek
Die Deutsche Nationalbibliothek verzeichnet diese Publikation
in der Deutschen Nationalbibliografie,
detaillierte bibliografische Daten sind im Internet
über http.//dnb.dnb.de abrufbar.

Text: © Hans-Jürgen Stöhr · 2024

Coverbild · Grafik: Julia Koller
Julia Koller on Balance
www.behance.de ·www.malt.de

Herstellung und Verlag:
BoD - Books on Demand, Norderstedt b.Hamburg 2024

ISBN 9-783758-305207

Hans-Jürgen Stöhr

Spiritualität und Digitalisierung
unserer Lebenswelt

Brauchen wir im Zeitalter
der Künstlichen Intelligenz eine neue Ethik?

THESEN & BOTSCHAFTEN
zu den 4. Rostocker Philosophischen Tagen
April 2024

IM JUBILÄUMSJAHR

zu Ehren eines deutschen Philosophen

anlässlich seines 300. Geburtstages

IMMANUEL KANT

(1724 –1804)

WIDMUNG

Das Thesenheft
zu den Rostocker Philosophischen Tagen
ist all jenen gewidmet,
die maßgeblich durch kritische Anmerkungen
an dessen Fertigstellung beteiligt waren
und sich im Diskurs aktiv einbringen möchten.

Danksagung

Die Rostocker Philosophischen Tage sind
ein gemeinschaftliches Werk vieler Unterstützer und
Kooperationspartner aus dem öffentlichen und
privatwirtschaftlichen Leben.
Ihnen gilt mein besonderer Dank. Sie schufen die Voraussetzung,
dass die Philosophischen Tage zum vierten Mal stattfinden können.

Hanse- und Universitätsstadt Rostock
Amt für Kultur und Denkmalpflege
Landeszentrale für Politische Bildung Mecklenburg-Vorpommern
Friedrich-Ebert-Stiftung Mecklenburg-Vorpommern
Universität Rostock · Institut für Informatik

Lebenswelten im Wandel

Brauchen wir ein neues Verständnis
über das Leben in unserer Zeit?

Was passiert,
wenn Spirituelles und Digitales aufeinandertreffen?

Was macht zwischen Spirituellem und Digitalem
das Verbindende und Trennende aus?

Wie viel Künstliche Intelligenz tut dem Menschen gut?

Wohin geht der Mensch?

Brauchen wir eine neue auf Spiritualität und Digitalität
ausgerichtete Lebenskultur?

Ist die Zeit reif für eine Ethik des spirituellen und
digitalen Humanismus?

Die Intuition ist ein göttliches Geschenk,
der denkende Verstand ein treuer Diener.
Es ist paradox,
dass wir heutzutage angefangen haben,
den Diener zu verehren und
die göttliche Gabe zu entweihen.

Albert Einstein (1879–1955)

INHALT

VORWORT · Entstehen einer *Ver*rücktheit

Es muss meinerseits eine *ver*rückte Eingebung gewesen sein, als ich mit dem Gedanken spielte, Spiritualität und Digitalisierung in Beziehung zu setzen. Anfänglich fiel mir nichts Geistreiches ein, was diese beiden Phänomene des gesellschaftlichen Lebens miteinander verbinden könnte. Der anfängliche Versuch, zwischen ihnen einen Zusammenhang – vor allem ein wechselseitiges Einwirken – auszumachen, verlief ins Leere. Was hat das Spirituelle mit dem Digitalen zu tun? Beide liegen zeitlich im Entstehen, in ihrem Wesen, in Funktion und Charakter derart weit auseinander, dass jede Überlegung, sie miteinander zu verknüpfen, eher als absurd abgetan werden könnte.

Je mehr ich darüber nachdachte, wuchs meine Überzeugung, dass sich zwischen Spiritualität und Digitalisierung eine Verbindung herstellen lässt, und das allein schon deshalb, weil sie zu unserer Lebenswirklichkeit gehören.

Der Anstoß zur Suche nach einem Zusammenhang war gegeben. Nichts hielt mich mehr zurück, Spuren von Geschichte, Bedingungen, Wechselwirkungen und Gegensätzlichkeiten zwischen ihnen ausfindig zu machen.

Das Interesse meinerseits an diesem Thema wuchs, als sich Parallelen zwischen dem archaisch-animistischen Denken des Cro-Magnon-Menschen und dem Denken und Verhalten des Menschen in gegenwärtiger Zeit, die sich in einer äußerst komplexen, oft wenig durchschaubaren und beherrschbaren Lebenswelt zeigt und der Mensch damals wie heute, um (gut!) zu überleben, nach Einfachheit, Beherrschbarkeit, Sicherheit und Geborgenheit strebt.

Sich auf dieses Abenteuer einzulassen war ein Unterfangen für mich, ohne je zu wissen, wie meine Recherche, das Literaturstudium und die zu entwickelnden Gedanken am Ende aussehen würden.

Das hier vorliegende Begleitheftheft zu den 4. Rostocker Philosophischen Tagen ist in Thesen formuliert und stellt eine Zusammenfassung eines weit umfänglicheren Buchmanuskriptes dar. Es geht der Evolution des menschlichen Denkens nach, das eine Geschichte von über 70.000 Jahren hat und Eigenschaften in sich trägt, die uns zum Digitalen führen. Die Geschichte der Technikentwicklung als Werkzeug für den Menschen, sich dessen Lebenswelt anzueignen, liegt historisch weit früher zurück. Die Herstellung von Werkzeugen zwecks Herstellung von Werkzeugen ist ein riesengroßer Schritt zur Menschwerdung. Alles andere geschieht in Abfolge weiterer Technik- und Gesellschaftsentwicklung wie ein unaufhaltsames Naturgesetz. Diese Geschichte nachzuvollziehen und zu beschreiben – bis hin zum Zusammentreffen von Spirituellem und Digitalem – ist das, was im Buch darzustellen ist.

Diesem Manuskript sind vierzehn Thesen zugrunde gelegt. Jeder These folgen zum vertiefenden Verständnis ergänzende Erläuterungen, die in wesentlichen Gedanken das Verhältnis von Spirituellem und Digitalem abbilden. Es sind mit den Kernaussagen verbundene Botschaften mit ethisch-normativem Charakter.

Das Thesenmaterial ist für Leserinnen und Leser ein Einstieg in das Thema, die sich aktiv am Diskurs der Rostocker Philosophischen Tage beteiligen möchten.

Die Broschüre ist für jene eine Empfehlung, die sich breiter und vertiefend mit der Geschichte des menschlichen Denkens, dem Entstehen des Spirituellen, der Entwicklung der Technik und der menschlichen Sozialisation sowie sich mit dem Wechselspiel von Spiritualität und fortschreitender Digitalisierung unserer Lebenswelt beschäftigen möchten.

Hans-Jürgen Stöhr
Rostock im Frühjahr 2024

EINLEITUNG · Eine außergewöhnliche Begegnung

Stein des Anstoßes. Die Idee, Spiritualität und Digitalisierung[1] in einem wechselwirkenden Zusammenhang zu denken, scheint absurd und wenig nachvollziehbar zu sein. Bei einer ersten Betrachtung könnten sie kaum unterschiedlicher sein. Der Versuch, zwischen ihnen eine einträgliche Verbindung zu erkennen oder gar Wechselwirkung auszumachen, lässt ihn ohne Sinn und Verstand zu einem gedanklich herbeigeführten Konstrukt werden.

Ein derartig schnelles Urteil, es ließe sich zwischen Spiritualität und Digitalisierung nur Sinnloses, Unüberbrückbares ausmachen, kann angesichts der Tatsache, dass sich vieles mit vielem in einer wechselseitigen Bestimmtheit und Bedingtheit befindet und beide Realitäten zu unserer unmittelbaren, erfahrbaren Lebenswelt gehören, nicht einfach und unkritisch hingenommen werden.

Das Philosophieren käme leichtfüßig daher, wenn es diese Lebenswirklichkeiten unberührt ließe und nicht die These aufnehmen würde, dass zwischen Spiritualität und Digitalisierung Verbindendes und Wirkendes bestünde und durch sie Kräfte frei gesetzt werden könnten, die unser gesellschaftliches und individuelles Leben maßgeblich beeinflussen würden.

Jedes der beiden Phänomene spiegelt sich vielfach in den verschiedensten Publikationen wider. An bisher veröffentlichter Literatur mangelt es nicht. Philosophische Betrachtungen sind selbstredend mit eingeschlossen.

---

[1] Der Gebrauch des Terminus „Digitalisierung" ist in unserem Alltagsverständnis weitaus üblicher als der der „Digitalität". Insofern wird in der Einleitung i. S. einer Vereinfachung auf eine differenzierte Betrachtung zwischen ihnen verzichtet. Der Begriff der Digitalität durch den der Digitalisierung vereinnahmt, jedoch im späteren Diskurs wieder aufgehoben.

Spirituelles und Digitales sind seit einigen Jahren und insbesondere seit der Corona-Pandemie durch die entstandenen und veränderten Lebensumstände näher zusammengerückt. Die Begegnung zwischen ihnen zeigt sich vor allem darin, dass die Nutzung von digitaler Technik, die Vermittlung von spirituellen, insbesondere religiös-christlichen Botschaften stärker als je zuvor auf virtuellem bzw. digitalisiertem Weg erfolgen. Die Corona-Pandemie hat die Digitalisierung spiritueller Botschaften beschleunigt und manifestiert, wenn auch nicht in allem zum Guten. Der zusätzliche Anschub digitaler Weltennutzung blieb zu dieser Zeit dennoch eine treibende Kraft wachsender Digitalisierung und von einhergehendem spirituellem Denken und Verhalten.

Da die Spiritualität schon *vor* der Digitalisierung die Lebenswelt des Menschen eroberte, ist auch davon auszugehen, dass sie im Laufe der gesamten menschlichen und soziokulturellen Entwicklung eine Transformation durchlief. Der Zeitgeist der heutigen Spiritualität, der sich in einer modernen Fassung eines archaisch-animistischen Denkens zeigt, wird getragen durch eine menschliche Urangst und durch Lebensverunsicherung in allem die Kontrolle über das Leben zu verlieren.

Die Komplexität unserer Lebenswirklichkeit, bestimmt durch den menschlichen Willen einer *gleichzeitigen* Beherrschung von Globalisierung und Digitalisierung, Weltgesundheit und Natur- bzw. Umweltschutz, führt bei einzelnen Menschen zur alltäglichen Überforderung und unzureichender praktischer Lebensüberschaubarkeit. Die heute nutzbare digitale Lebenshilfe, d. h. die Nutzung des kommunikativen Austausches in den sozialen Netzwerken und der Zugang zu den vielfältigsten Kanälen (wie z. B. bei You Tube), sind zu Plattformen geworden, auf dem sich archaisches und insbesondere animistischen Denken platzieren konnten. Die Vielzahl von Verschwörungsnarrativen zur Corona-Pandemie, darin eingebunden Weltwirtschaftsverschwörungen, offenbaren sich als ein modernes Format derartigen Denkens. Es wurden Scheinkausalitäten produziert. Ursache-Wirkungsbeziehungen sind auf den Kopf gestellt. Das Fehlen der gemachten Erfahrung erleichterte den Zugang zum spirituellen Denken. Die menschliche Welterklärung und innere Lebensruhe waren damit gesichert.

Viel interessanter wird der Blick darauf, wenn nach dem Einfluss des Spirituellen auf das Digitale gefragt wird. In diese Richtung gedacht, scheinen noch viele wissenschaftlich-philosophische Überlegungen und Diskurse brach zu liegen, weil sie in eine Welt des Zukünftigen hineinreichen, die uns schon jetzt dazu auffordern, Spirituelles und Digitales neu zu denken.

Fragen drängen sich auf: Was bedeutet es, wenn die Grenzen zwischen Mensch und Technik sich immer mehr auflösen? Wo führt es hin, wenn humanoide Roboter nicht nur zu denken anfangen, das Lernen erlernen und in der Lage sind, nicht nur Gefühle zu äußern, sondern eine eigene spirituelle Daseinsweise hervorzubringen vermögen? Die Technik Industrie 4.0, die das Zusammenwachsen von Mensch und Technik offenlegt, ist nur der Anfang einer weiter fortschreitenden Angleichung zwischen ihnen.

Wir sind gut beraten, diesen Fragen in den Anfängen vorzugreifen und uns diesen Phänomenen philosophisch und ethisch zu nähern.

Es geht keineswegs darum, Spiritualität und Digitalisierung nebeneinander zu verorten und für sich zu beschreiben, was als Voraussetzung für eine Betrachtung wechselwirkender Zusammenhänge gilt. Vielmehr und letztlich ist die Orientierung, einen philosophischen Blick darauf zu werfen, was sie miteinander verbindet, wie sie zueinander in Beziehung stehen und agieren.

Was kann herausfordernder sein, sich der Spiritualität zuzuwenden, die den Menschen Zeit seines Lebens in seiner Entwicklung hin zu einem modernen Menschen begleitete und die er über viele Jahrtausende sein natürliches, existenzielles Eigen nennt. Spiritualität ist bis zum heutigen Tag konstitutiver Teil menschlichen Seins und Werdens. Sie ist eine Eigenschaft menschlichen Denkens und Verhaltens, des menschlichen Seins schlechthin. Sie bestimmt sein Wesen. Sie ist eine der den Menschen ausmachenden Essenzen.

Spiritualität ist aber mehr. Sie ist ein Entwicklungsprodukt soziokultureller Geschichte und damit Teil menschlicher Kultur- und Gesellschaftsentwicklung.

Wir können in der Gesamtschau davon ausgehen, dass das Spirituelle nicht nur den Menschen in seiner Lebensqualität bestimmt (hat), sondern mit den Entwicklungen von Mensch, Technik und Gesellschaft einen Kulturwandel vollzog, was ihm seine eigene Geschichte einbrachte.

Im Entstehen und Wesen sind Spirituelles und Digitales von grundsätzlich unterschiedlichem Charakter. Das Spirituelle ist mit der Physis geistig-ideell *im* und das Digitale technisch *am* Menschen zu verorten. Zwar sind beide gleichermaßen Produkte menschlichen Seins und Werdens und dennoch grundverschieden. Das Spirituelle entspringt dem natürlichen Werden des menschlichen Geistes – aus sich selbst; das Digitale ist der kreative Ent- und Aus-*Wurf* des Menschen mit Hilfe und Nutzung außerhalb von ihm bestehender Stofflichkeit.

Diese beiden „Welten" einander begegnen zu lassen, macht den Reiz des philosophischen Diskurses aus. In dieser Außer- und Ungewöhnlichkeit, im Spirituellen und Digitalen Verbindendes zu entdecken, zu beschreiben und dessen Wert für das praktische Leben zu erkennen und nutzbar zu machen, liegt die Herausforderung.

Das Eintauchen des Menschen in die von ihm selbst geschaffene, historisch viel jüngere digitale Lebenswelt, das Entstehen und Wachsen einer vom ihm profilierten Welt allgegenwärtiger Digitalisierung, die Entwicklung und Gestaltung einer Künstlichen Intelligenz sind seit etwa einem Dreivierteljahrhundert – spätestens seit den 90er Jahren des vergangenen Jahrhunderts – zu einem neuerlichen, konstitutiven Markenzeichen menschlichen Daseins geworden. Sie bestimmt exponiert, durchgreifend, allseitig und nachhaltig seine Lebenswelt.

Jedes für sich – das Spirituelle wie das Digitale – hat trotz bereits vermerkter qualitativer Unterschiedlichkeit ihren eigenen Ursprung in der menschlichen Gesellschaftsentwicklung. Beide gingen und gehen ihren Weg. Es wäre unkritisch und an Ideenentwicklung verschenkt, ihnen keine *philosophisch-ethischen* Fragestellungen und Antworten folgen zu lassen.

Wir tun gut daran, diese beiden scheinbar weit voneinander agierenden und dennoch mit der Historie und Entwicklung des Menschen verbundenen Phänomene nicht für sich zu betrachten, sondern sie in einem *philosophisch-dialektischen* und erweitert in einem *ethischen* Kontext zu diskutieren.

Thesen – Aufbau, Inhalte und ihre Botschaften. Die hier vorliegenden Thesen sind auf das Wesentliche gefasste Überlegungen, die auf das Entstehen, die Entwicklung und das Zusammentreffen des Spirituellen und Digitalen hinlenken. Dabei steht die zentrale Frage im Raum: Was passiert, wenn sie sich gegenseitig beeinflussen und was bedeutet das für unsere Lebenswirklichkeit?

So wie das Spirituelle seine Wurzeln im menschlichen Bewusstsein, im erwachenden Denken menschlicher Sozialisation und Geschichte hat, so hat das Digitale in seinem Entstehen seine Quelle in der Technikentwicklung. Der Geschichtsträchtigkeit beider gesellschaftlicher Phänomene wird viel Raum in ihrer Darstellung geschenkt, weil nur über sie zu verstehen ist, was das Spirituelle und das Digitale sind und aus welchem Grunde sie zueinander finden.

Zuvor wird den Begriffen *Veränderung, Entwicklung und Weltenwandel*, deren tragenden Säulen die *Globalisierung, Digitalisierung, Weltgesundheit und Klimawandel* sind, Platz eingeräumt. Des Weiteren erhalten die Begriffe *Sein, Realität und Wirklichkeit* eine gebührende Aufmerksamkeit und werden bestimmt. Das geschieht mit der Absicht, sie inhaltlich differenziert zu gebrauchen, um so ihren Intensionen besser gerecht zu werden.

Das alles Umspannende in den ersten drei und weiterführend in den folgenden Thesen ist der philosophische Denkansatz, die Dialektik als Instrument für die Erklärungen und Beschreibungen des Wechselspiels zwischen Spirituellem und Digitalem anzuwenden. Dabei nimmt die *Widerspruchsdialektik als Denk- und Beschreibungsmethode* ein zentraler Platz zu. Eine der Hauptüberlegungen ist, dass es in und zwischen dem Spirituellen und Digitalen dialektisch-gegensätzlich zugeht, was im Kern zu der begrifflichen Beschreibung von digitaler Spiritualität und spiritueller Digitalität führt.

Der Diskurs über das Spirituelle hat in der Darstellung nicht nur seinen Ursprung mit dem Verweis auf das archaisch-animistische Denken, sondern auf eine Entwicklung hin zum abstrakten Denken, das der geistige Boden für das spätere, im 20. Jahrhundert entstandene Digitale ist.

Der Diskurs über das Spirituelle führt uns vorab zu den Begriffen und dem Versuch einer differenzierten Bestimmung von Bewusst-

16

sein, bewusstem Sein, Seinsbewusstsein und Bewusstheit. Das macht Sinn, weil dadurch das Spirituelle in der Betrachtung und begrifflichen Nutzung an Schärfe gewinnt.

Alles Digitale, sei es der Prozess des Übergangs vom Analogen zum Digitalen – die Digitalisierung – sowie die aufgrund dessen entstandenen Digitalisate als digitale Endgeräte oder Materialien, hat seine Quelle in der Technik und deren Entwicklung als Zweit-Natur des Menschen.

Es liegt in der Natur der Sache, dass entsprechend des Ursprungs und der Geschichte, in denen sich das Spirituelle und Digitale entwickeln, diese sich in und mit ihrem gegensätzlichen Charakter im Grenzgang bewegen. Beide unterliegen Gratwanderungen ihres eigenen Seins, wenn sie aufeinander einwirken. Sowohl im Wesen als auch in der wechselseitigen Einflussnahme offenbart sich Widerspruchsdialektik. Sie ruft zugleich die Ethik auf den Plan.

Es macht Sinn, von einer *dialektischen Ethik* zu sprechen, die die Werte Resonanz und Humanismus einschließt. Auf ihr baut sich eine normative Ethik auf. Sie ist darauf orientiert, den Phänomenen der menschlichen Lebenswirklichkeit ein nachhaltiges, humanistisches Gesicht zu geben.

Es fließen in dieser Ethik *Resonanz und Humanismus* zusammen und die Idee des spirituellen und digitalen Humanismus kreiert, die zusammengefasst in einen resonanten Humanismus münden. Diese philosophische Wert- und Gesellschaftsorientierung mit einer qualitativen Neufassung der Humanität in unserer modernen Gesellschaft macht es möglich, das Spirituelle und Digitale auf das Niveau von Spiritualität und Digitalität zu heben.

Gemeint ist, das Spirituelle in einen soziogeschichtlichen Kontext zu stellen. Aus ihm wird Spiritualität als Phänomen gesellschaftlichen Lebens, in das menschliche Verhalten, Erfahrung und Nachahmung als soziale Vererbung einfließen. Die spirituellen Ideen und der von Generation zu Generation weitergetragene Gebrauch der Artefakte lassen im zwischenmenschlichen Zusammenleben das Spirituelle zu Spiritualität als Kultur werden.

Das gleiche geschieht mit dem Digitalen, wenn es in den gesellschaftlichen bzw. soziotechnischen Kontext der Entwicklung gestellt wird. Das Digitale *wird* Digitalität als Kultur und Lebensweise. Es reift zur höheren Qualität mit dem Entstehen und Wachsen von Künstlicher Intelligenz.

Aus der philosophischen Betrachtung heraus profilieren sich Thesen und ethisch-moralische Botschaften.

Eine der zentralen Thesen ist, dass mit einer zunehmenden starken KI, die über die Fähigkeit der Selbstorganisation verfügt, die Spiritualität als Regulativ bzw. Korrektiv zu denken ist. Dem Humanismus als menschliches Lebensgestaltungsprinzip – sei es in Gestalt eines spirituellen bzw. digitalen Humanismus oder übergreifend als resonanter Humanismus – eine hohe Priorität einzuräumen ist, um die Entität Mensch als bio-psycho-soziale Einheit zu bewahren.

THESEN UND IHRE BOTSCHAFTEN
Prolog

Wie würde die Welt heute ohne Evolution des Menschen auf unserem Planeten aussehen – ohne kulturelle Sozialisation, ohne die von ihm geschaffene Technik, die über eine gestaltende und verändernde Kraft der Weltentwicklung verfügt? Was für eine Welt hätten wir ohne Spiritualität und Digitalisierung? Es ist weder eine Frage des Wissens noch der Weltbeschreibung. Wir würden uns bei der Antwortsuche in das Reich des Spekulativen begeben und alles Weitere wäre sinnfällig. Der Mensch braucht den Mut, sich der Lebensrealität so zu stellen, wie sie ist und dabei zu lernen, ihr mehr als je zuvor mit Demut zu begegnen.

Evolution ist im Wesen richtungsweisend und im Charakter offen. Sie trägt in der menschlichen Wahrnehmung das gewisse Ungewisse in sich. Es macht den Menschen unsicher, wenn Lebensentwicklungen nicht hinreichend Halt geben. Dennoch sollte er den Mut haben, sich seiner Kraft der Antizipation mit Wissen und Gewissen bewusst zu sein und sie zu nutzen, um Entwicklungen zu erkennen, die letztlich seinen Lebensbedingungen schaden könnten – und das bei der Erkenntnis, dass er selbst Verursacher und Gestalter alles weiteren Geschehens ist.

Es passt nicht in die menschliche Lebenswelt, Ungewissheiten zu betrauern oder gar zu beweinen. Stattdessen ist der Mensch gut beraten, sich auf das Gegenwärtige zu besinnen, aus der Geschichte von Natur, Technik und Gesellschaft zu lernen und verantwortungsvoll in die Zukunft zu sehen.

Es hilft nicht, den Menschen angesichts seiner selbst- und naturzerstörerischen Taten zu verteufeln und seinen Werdegang als „Schmutzfleck" der biotischen Evolution zu betrachten. Das gilt ebenso für technische Ent- und Aus-Würfe des Menschen, die ihm *seine* Sozialisation ermöglichten. Mit ihr verknüpft sind Geist, Kultur und Wissenschaft.

Die Geschichte von Mensch und Technik ist von Anfang an eine Geschichte der Gesellschafts- und Kulturentwicklung. Sie zeigt sich in Veränderungen und Brüchen, in Gestalt konkreter Wandlungen. Zu ihnen gehören das an den Menschen sowohl existenziell gebundene Spirituelle als auch das von ihm kreierte Digitale – beide charakterisieren zeitlich-strukturell unterschiedliche geschichtliche Entwicklungswege. Heute sind sie mehr denn je von gleichzeitiger Präsenz. Sie haben sich in ihrem Werden als Phänomene der menschlichen Lebenswirklichkeit etabliert und fordern sich zunehmend gegenseitig heraus. Mit ihrer offenkundigen Wirksamkeit wächst eine wechselseitige Abhängigkeit. In dem Zusammenfinden von Spirituellem und Digitalem entsteht eine neue Lebenswelt. Aus ihnen erwachsen *Spiritualität und Digitalität als zwei Kulturen einer menschlichen Lebenswelt*. Neue nachhaltige Lebensakzente werden gesetzt.

Auf welche Lebenswelt wird der Mensch sich zukünftig einstellen müssen? Auf welche Lebensexistenzen kann er zurückgreifen? Was hat er in welchem Maße zu verantworten? Wie lassen sich die Grundsäulen des menschlichen Lebens – Globalisierung, Digitalisierung, Weltnatur und Weltgesundheit – nachhaltig gestalten, damit Natur, Mensch und Technik gleichermaßen eine Chance auf Entwicklung und Zukunft haben?

Die nachfolgenden Thesen stellen in der Gesamtschau einen Abriss über das Verhältnis von Spiritualität und Digitalisierung in unserer Lebenswelt dar. Er lenkt uns den Blick auf menschliche Werte und Normative zukünftigen Lebens. Neue inhaltliche Akzente werden gesetzt, wenn es darum geht, die Kraftquellen zu bestimmen. Das ist mit der Aufforderung verbunden, das *Zusammenspiel von Spirituellem und Digitalem* als Neues ins menschliche Bewusstsein zu holen und im alltäglichen Leben zu verankern. Sollte das nicht gelingen, bewegt sich der Mensch in ein Zeitalter, dessen Wirkung umfänglich und nachhaltig, ver- und zerstörend zugleich werden kann.

Die bewusste Verinnerlichung des Menschseins und die Begegnung des Menschen mit der Natur, ihr mit Achtsamkeit, Respekt und Würde gegenüberzutreten, sind von jener Geisteskraft, die dem menschlichen Leben Zuversicht verleiht und Teilen des Digitalen mit exzessiver Ausweitung Grenzen aufzuerlegen vermag.

Spirituelles und Digitales agieren (über den Menschen) als zwei Subjekte, die dazu angehalten sind, im Sinne der Nachhaltigkeit füreinander Verantwortung zu übernehmen. Dafür steht das Menschsein in unserer Gesellschaft ein. Dieses neue Verantworten fordert den Menschen auf, Humanismus und Ethik neu zu denken.

(1)

Die Welt, mit und in der wir leben, ist zutiefst dialektisch. Nichts
steht außerhalb von ihr. Sie beherbergt Natur und Technik, Mensch
und Gesellschaft – Materielles und Ideelles, Objektives und Subjek-
tives. Alles konstituiert sich in einer werdenden und entwickelnden,
entstehenden und vergehenden Gegensätzlichkeit. Das Sein und Geschehen in ihrer Dialektik zu begreifen ist Grundlage dafür, die Welt
sowohl zu verstehen als auch in ihr mit Erfolg zu agieren.

*Das Weltbild des Menschen ist unmittelbar und geschichtlich mit
dem seines Menschenbildes verknüpft.* Ein Bild vom Wandel der
Welt führt zum Bild des Wandels menschlichen Selbstverständnisses.
Die Qualität und Historie des Menschbildes sind eng mit den in der
Gesellschaft einhergehenden Techniktransformationen verbunden.
Sie bringen letztlich die gewandelten Menschenbilder hervor.

Jede Betrachtung auf unsere Lebenswelt macht eine *dialektische*
Sicht auf sie erforderlich, weil sie von Natur aus dialektisch *ist*. Jeder Blick am Dialektischen vorbei bedeutet das Verkennen ihres
Naturcharakters und zeugt von philosophischer Ignoranz. Die Erkenntnis, dass es in der Welt dialektisch zugeht, ist die Voraussetzung dafür, das Dialektische im menschlichen Denken aufzunehmen
und adäquat handeln zu können. Das geschieht mit dem Wissen,
dass jede in den Dingen und Geschehnissen sowie im Menschen
innewohnende Dialektik – an Bedingtheit und Bestimmtheit, Werden und Vergehen, Gegensätzlichkeit und Widersprüchlichkeit – ein
stetiger grenzgängerischer Akt im Umgang mit unserer Lebenswirklichkeit ist.

Es ist die *Botschaft,* das menschliche Denken und Handeln als
Teil dieser dialektischen Welt zu begreifen. Eine Weltensicht im

Entweder vs. Oder, Schwarz vs. Weiß oder Gut vs. Böse verklärt den erforderlichen Blick auf ein Sowohl - Als auch, auf die vielen Zwischen- bzw. Grautöne in der Lebenswirklichkeit. Aufgedeckte Ambivalenzen und Ambiguitäten versetzen menschliches Denken und Handeln in grenzwertige Dilemmata. Sie erscheinen als Gegensätzlichkeiten in der Lebenswelt und manifestieren sich als Gegensätze im Bewusstsein des Menschen.

Der Mensch lebt mehr denn je in einer *komplexen, dynamischen* Wirklichkeit. Ihr Charakter zeigt sich im gewissen Ungewissen, mit dem er als Individuum und Gesellschaft konfrontiert wird.

Als **Welten des Menschen** seien jene ausgewiesen, die mit dem Dasein *und* Wirken des Menschen verbunden sind. Es ist dessen *Körper-, Geistes- und Gefühlswelt*, die er sowohl reflektieren als auch auf sie Einfluss nehmen kann. Es ist jene Welt, die der Mensch mit sich selbst erfährt.

Mit diesen Welten eng verbunden ist die *Welt der Technik*. Sie ist der *Aus-W*urf des Menschen. Sie zeugt von der menschlichen Fähigkeit, Natur in Technik zu transformieren und sich gleichermaßen der Natur und Technik zu bedienen bzw. sie für sich nutzbar zu machen, was sein eigenes Werden, die Gesellschafts- und weitere Technikentwicklung beflügelt. Die Technikwelt ist die vom Menschen in *seine* Welt transformierte Naturwelt.

Die *Naturwelt* ist die von Menschen beeinflusste, veränderte und für sich gestaltete Natur. Pflanzen und Tiere wurden domestiziert, Sorten und Rassen gezüchtet. Der Ur-Wald wurde vielerorts zu einem Kultur- bzw. Nutzwald geformt. Die *Welt der Natur* selbst ist jener Bereich der Wirklichkeit, deren Existenz nicht von der menschlichen Lebenswelt abhängig ist. Sie entwickelt sich und geht ihre Wege (Gesetze) ohne Zutun des Menschen. Die Natur braucht den Menschen nicht.

Menschliche Lebenswelten sind dagegen überall dort zu finden, wo der Mensch sich durch *sein Wirken* verändernd, gestaltend einbringt. Die physischen Berührungen, Einflussnahmen, die vom Menschen hervorgebrachten Entwicklungen und Kreationen lassen die Welt des Menschen zur Welt des menschlichen Lebens werden. Mit zunehmender Wirkungsmacht wird die Welt des Menschen zu einer vom Menschen bestimmenden Lebenswelt. Sie ist die vom Menschen gewandelte Welt, zu der er gestalterischen Zugriff hat, auf sie Macht ausübt, sie verändert, kontrolliert und damit beherrscht. Sie ist jener Teil der Menschenwelt, der sich durch des Menschen Geist und Hand zu einer Kultur menschlichen Lebens entwickelte.

Diese Weltendifferenzierung in eine Welt des Menschen zum einen und in die einer menschlichen Lebenswelt zum anderen, hilft den Blick auf das Wesen und den Charakter des Spirituellen und Digitalen zu schärfen und angemessen zuzuordnen. Beide sind sie Phänomene *in* der Welt des Menschen, als solche mit und durch den Menschen existent und zugleich wirksam mit hoher menschlicher Gestaltungskraft.

Spirituelles und Digitales sind gleichermaßen Welten des Menschen *und* menschliche Lebenswelten. Das Spirituelle steht dem Bewusstsein sehr nahe und auch wieder nicht, weil es zum einen im und zum anderen außerhalb des menschlichen Bewusstseins angesiedelt ist (wird). Es verkörpert sowohl den Charakter des menschlichen Geistes als auch die mit ihm gebrauchten Artefakte und Verhaltensweisen – und ggf. auch als Geist außerhalb des menschlichen Bewusstseins.

Für das Digitale ist ebenso ein weltenbezogener Doppelcharakter auszumachen. Das Digitale ist zum einen eine Entwicklungsform desTechnischen, gewachsen aus der Kreativität des menschlichen Bewusstseins, und zum anderen ein vom Menschen gewandeltes Naturprodukt. Technik ist durch den Menschen geformte Natur, die außerhalb des menschlichen Seins und des Bewusstseins steht.

Spirituelles und Digitales bewegen sich in unserem Denken und im Umgang mit ihnen zwischen der Welt der Natur und des menschlichen Bewusstseins. Es ist eine gegensätzliche Weltenbegegnung, die in der Schaffung und Beherrschung gezielt vom Menschen Aufmerksamkeit abverlangt.

Das *Menschenbild* ist ein Produkt menschlichen Selbst-Seins, und Verantwortungsbewusstsein das sich in der Auseinandersetzung des Menschen mit Natur und Umwelt, Technik und Gesellschaft formierte. In ihm bilden sich seine geistig-kreativen Fähigkeiten zur Naturaneignung und -beherrschung, zur Konstruktion, Entwicklung und Handhabung von Werkzeugen, die Vorstellungen und das praktische Zusammenleben mit und unter anderen Menschen ab.

Das Menschenbild folgt Veränderungen menschlicher Lebensweisen. Es ist nicht statisch, sondern wie die Gesellschaftsgeschichte selbst dynamisch angelegt. Das Menschenbild wandelt sich mit grundlegenden Veränderungen in Natur, Technik und Gesellschaft.

Das Menschenbild versteht sich als ein geschichtlich gewonnenes und geronnenes Verständnis über den Menschen selbst. Es bildet das Wesen des Menschen in einem zeitlich-geschichtlichen Kontext ab und vermittelt eine Orientierung im Umgang mit sich und seiner Lebenswelt. Mit ihm sind Annahmen und Überzeugungen verbunden, die der Mensch in seinem Denken und Handeln zum Ausdruck bringt. Es ist *das* Bild, das der Mensch in Gestalt von Leit- und Handlungsmotiven für sich selbst bereitstellt. Als solches übt es eine wichtige normative Leitfunktion im und für das Zwischenmenschliche, den Umgang mit Natur und Technik, die Lebenswelt als Ganzes aus.

Die Geschichte von Mensch, Technik und Gesellschaft spiegelt sich in der Geschichte transformierter Menschenbilder wider. Die Geschichte des Homo sapiens ist zudem eine Geschichte eines Homo technicus, gewandelt zu einem Homo digitalis.

Alle Kraft ist sinnstiftend eingesetzt, wenn das Spirituelle des Menschen sich mit dem Digitalen nachhaltig verbindet.

(2)

Unsere Welt ist nicht nur in Bewegung, Veränderung und Entwicklung begriffen. Sie zeigt sich durch menschliches Hinzutun in einem steten Wandel. Der Wandel stellt alles Bisherige in den Schatten erfahrbarer Welten-Realität. Er versteht sich als Ausdrucksform der Welt in ihrer Besonderheit an Entwicklung und Komplexität, menschlicher Gestaltungskraft und Wirksamkeit. Es ist wert, den Begriff des Wandels angesichts heutiger Dynamik in Natur und Technik, Mensch und Gesellschaft hervorzuheben, der das vom Menschen Gemachte in sich trägt. Gewandeltes ist vom Menschen Entwickeltes (Bewegtes, Verändertes).

*In den Weltenwandlungen mischen sich **Zeitenwende und Wendezeit**, die auf erforderliche Entscheidungs- und Handlungsoptionen aufmerksam machen. Sie signalisieren Umbrüche, die das menschliche Verantworten in besonderer Weise herausstellen.*

Der **Weltenwandel** vereint heute vier zusammenhängende Transformationsprozesse: Globalisierung, Digitalisierung, Klima-(Natur)-wandel und Weltgesundheit. Keine der Transformationen steht für sich. Sie sind miteinander vernetzt, beeinflussen sich gegenseitig und agieren in einer wechselseitigen Weltabhängigkeit. Eine von ihnen ausgehende Wandlung ist Resultat einer und Bedingung für eine jeweils andere. Sie repräsentieren die Einheit der Welt in ihren Wandlungen.

Wandlungen zeigen sich durch vom Menschen hervorgebrachte Weltenentwicklungen und sind gleichsam von kultureller Natur. Sie sind vom Menschen geprägt, von ethischen Werten und Normativen bestimmt.

Im Wandel verbirgt sich angesichts heutiger Zeit der Charakter der *Zeitenwende*. Dahinter zeigt sich eine im Wandel hervortretende Zeit erforderlicher Wendungen. Diese Zeit setzt außerordentliche, aber auch historisch wiederkehrende Marken von Entwicklungsgeschehnissen in der Geschichte der Gesellschaft, die durch Technikrevolutionen und mit einhergehenden sozioökonomischen und geopolitischen Veränderungen verknüpft sind.

Mit dem Begriff des Wandels steht eng verknüpft der Begriff der *Wendezeit*. Zugleich ist uns der Begriff der *Zeitenwende* präsent. Sie drücken unterschiedliche Ebenen von Zeit und Transformationspräsenz im Hinblick auf deren Bedeutung und Wirkungskraft aus. Der Begriff der Zeitenwende zeigt an, wie innerhalb kurzer Zeit ein neues Denken auf Grund eines gravierenden Umschlagens von Geschehnissen in der Lebenswelt des Menschen entsteht. Sie ist Mahnung und Aufforderung zu neuartigem Entscheiden und Handeln.

Der Begriff der Zeitenwende lässt sich in die Normative Ethik einbinden und charakterisiert mit seinem Narrativ einen Bruch in der Geschichte gesellschaftspolitischer Entwicklungen. Eine Zeitenwende ist keineswegs ein Zufallsereignis, das bedingungslos vom Himmel fällt; sie hat *eine Vor*geschichte. Dieses Normativ ist der Weckruf, das *Vor*geschehen mit Bedacht zur Kenntnis zu nehmen, es neu zu bewerten oder sich gar von ihm zu lösen und das zu erwartende, zukünftige Geschehen auf neuerliche Füße (Werte) zu stellen.

Der Begriff der Zeitenwende ist in seiner Fassung der ethisch-moralische Aufruf zum neuen Denken und Handeln mit dem Anspruch, die Lebenswelt neu zu justieren. Es ist die Zeit herangereift, die mit Macht aufgrund eines gravierenden Ereignisses zur Wende führt bzw. aufruft. Es ist eine Wende, die keinen zeitlichen Aufschub erlaubt. Es ist die Zeit der bedachten und zugleich zeitnahen Entscheidungen.

Zeitenwende als Zeit der Wende erklärt sich weniger in einem zeitlichen Kontext, sondern eher aus der Notwendigkeit von gebührender Aufmerksamkeit für ein ge- bzw. zu wandelndes Geschehen. Zeitenwende ist Zeitenreife von anstehenden grundlegenden Wandlungen.

Zeitenwende und Wendezeit – sie drücken Geschehnisse *in* der Zeit mit unterschiedlichen inhaltlichen Akzenten aus. Sie sind Formen bzw. Qualitäten eines Wandels. Mit Wendezeit und Zeitenwende stehen uns Begriffe zur Verfügung, mit denen wir Wandlungen im Besonderen charakterisieren können. [2]

Die Digitalisierung ist Ausdruck einer Wendezeit *und* Zeitenwende. Der Übergang von der analogen zur digitalen Technik ist ein Qualitäts(um)bruch in der Technikentwicklung. Die Digitalisierung lässt das allgemeine, über Jahrhunderte gültige und wirkende Analo-

---

[2] Auf einen vertiefenden Diskurs zwischen Zeitenwende und Wendezeit wird an dieser Stelle verzichtet. Während im Buch über Spiritualität, Digitalisierung und Digitalität auf jene Begriffe dezidiert eingegangen wird, wird hier im Thesenpapier auf eine Unterscheidung weitestgehend verzichtet. Zeitenwende und Wendezeit werden gleichbedeutend verwendet

ge hinter sich, ohne es aufzulösen. Insofern leitete die Transformation eine Zeitenwende ein, Analoges in Digitales zu verwandeln. Sie ist im Zuge der *Digitalisierung der menschlichen Lebenswelt* als Wendezeit ein Qualitätssprung im Übergang vom Analogen zum Digitalen und zugleich ein Phänomen der Zeitenwende, die einen grundsätzlichen, umfänglichen, nachhaltigen und zunehmend digital vorherrschenden Zeitenwandel repräsentiert.

Für das Spirituelle gilt, dass es im Zuge der Digitalisierung eine funktionale Zeitenwende in sich trägt. Es ist die im Mensch und Gesellschaft innewohnende *Spiritualität*, die über die Kraft verfügt, den Weltenwandel nachhaltig neu zu ordnen. Sie wird sich wie ein Netz über Globalisierung, Digitalisierung, Naturschutz und Weltgesundheit legen (müssen!). Spiritualität ist das alles Umspannende und Notwendige zugleich. Sie ist es wert, aus einer menschlichen Vergessenheit, Unbedeutsamkeit bzw. Religiosität herausgelöst zu werden und ihr einen gebührenden Platz im Wandel der menschlichen Lebenswelten einzuräumen. Spiritualität steht für die *Bewusstheit*[3] des menschlichen Geistes[4].

---

[3] Bewusstsein und Bewusstheit werden zwar im Zusammenhang und dennoch als unterschiedliche Qualitäten im Geiste des Menschen angesehen. Während das Bewusstsein für den menschlichen Geist im menschlichen Körper schlechthin steht, ist die Bewusstheit eine besondere, auf Werte (Normative) ausgerichtete Ausdrucksform des menschlichen Bewusstseins. Ein Merkmal (Element) der Bewusstheit ist u. a. die Achtsamkeit. (sh. These 6)

[4] Der Begriff des Geistes steht nicht allein für ein menschliches Bewusstsein, sondern im Sinne der Philosophie G. W. F. Hegels (1770–1831) auch für den Geist einer menschlichen Gemeinschaft. Mit diesem kollektiven Geist des Menschen transformiert sie sich zu einer sittlichen Gemeinschaft und wird zu einer soziokulturellen Lebensform. (sh. auch These 8)

(3)

Es macht in der philosophischen Betrachtung Sinn, zwischen Sein, Realität und Wirklichkeit zu unterscheiden. Sie sind eigenständige Begriffe, die in der intensionalen (inhaltlichen) und extensionalen (umfänglichen) Differenziertheit ihren jeweiligen Schwerpunkt haben. Die begriffliche Unterscheidung ist insofern hilfreich, weil sie verschiedene Zugangsperspektiven zur menschlichen Innen- und Außenwelt ermöglicht. Die vorgenommene Differenzierung soll den Wortbedeutungen funktional gerecht werden.

Das **Sein** versteht sich als die Gesamtheit von allem Da-Seienden bzw. Existierenden. Seiend ist alles das, was existiert. Alles Existierende besteht in seinem Da-Sein. Es sind die Dinge (Gegenstände) und Eigenschaften, Erscheinungen und Gegebenheiten, die wir sehen, hören, anfassen oder schmecken können. Es sind die Beziehungen und Verhältnisse, Umstände und Wechselwirkungen, die sie miteinander eingehen. Das Seiende sind die unabhängig und außerhalb vom Menschen bestehenden und jene Welten, die das menschliche Leben wie Technik und Kultur, Wissenschaft und Bildung etc. hervorbringen. Es ist das dem Menschen Bekannte und auch Nicht-Bekannte, das für ihn unwissend existiert. Nicht-Wissendes, d. h. außerhalb menschlicher Erfahrung und gewonnener Erkenntnis Bestehendes, ist existent und damit dem Sein zuzuordnen.

Die **Wirklichkeit** ist Seiendes mit dem Qualitätsmerkmal des Wirklichen. Wirkliches ist das mit Wirkung erzeugte Sein. Am Sein hat eine Wirkung stattgefunden, die es zum Wirklichen machte. Es sind die wechselseitigen Beeinflussungen, die Bewegungen oder andere Qualitäten hervorbringen. Ursächlichkeiten, der Zusammenstoß zweier Gegenstände, lösen Wirkungen aus, die Veränderungen nach sich ziehen können. Antriebe und Gegensätze setzen Entwicklungen mit einhergehenden und weiterführenden Folgen in Gang.

Mit der Zuordnung der Wirklichkeit als eine Eigenschaft des Seienden haben wir die Möglichkeit, diesem Seienden näher zu kommen, es aus seiner Grund-, Zeit- und Raumlosigkeit herauszuholen und es so zu verstehen, *wie es ist*: *wirklich*. Das Wirkliche ist das überschriebene, in dialektischer Weise im Hegelschen Sinne *aufgehobene* Seiende. Es sind Wechselwirkungen, Bedingt- und Bestimmtheiten, Bewegungen, Veränderungen und Entwicklungen, die das Seiende zum Leben erwecken. Alles Seiende, was zur Wirkung gelangt, verliert sein Abstraktes und nimmt Gestaltungsform, Beweglichkeit und Gegensätzlichkeit an. Seiendes steht damit in unserer realen Lebenswelt für Wirkliches.

Sein und Wirklichkeit ziehen die Aufmerksamkeit auf das, was **Realität** ist. Reales ist alles das, was Daseins- und Wirkungscharakter besitzt. Das Reale ist mit dem Sein und Wirklichen verbunden, was bedeutet: Das Reale ist, wirkt und zeigt sich zudem als menschlich Erdenkliches.

Realitäten verstehen sich als Gesamtheit aller subjektiven wie objektiven, gewollten und ungewollten, ideellen wie materiellen Tatsächlichkeiten. Sie sind mit *und* ohne Wirkungsmacht bestehende Existenzen. Insofern kann von objektiven und subjektiven Realitäten gesprochen werden. Realität ist das, was im alltäglichen Sprachverständnis als nicht real bzw. unreal ausgewiesen wird. Kurz: Auch das allgemein in unserem Lebensalltag verstandene Nicht-Reale – i. S. von nicht existent, weil es in der Außenwelt nicht da ist, so ist es dennoch real und damit Teil der Realität. Z. B. die Fata Morgana ist ein vom Menschen erzeugtes Trugbild – in der Annahme, dass es außerhalb von ihm existiert. Es ist ein im menschlichen Bewusstsein geschaffenes Bild, das kein Abbild einer objektiven Lebenswirklichkeit ist, sondern eine Sinnestäuschung, die einzig und allein in der *subjektiven* Wahrnehmung real ist und damit nicht in der äußeren Lebenswelt des Menschen existiert.

Die **virtuelle Realität**, d. h. die auf digitalem Wege erzeugten Bilder einer Lebenswelt, ist eine computergenerierte Realität mit 3D-Bildern, die über eine spezielle Video- bzw. VR-Brille erlebt werden kann. Auch sie ist *Teil der Realitätswelt* und hat ihren Bestand neben bzw. mit der physischen Realität, ohne die sie weder real noch wirklich ist.

Subjektive Realitäten sind Seiendes und Wirkliches, die in Abhängigkeit zum Menschen stehen. Sie sind alles das, was der Mensch für existierend *betrachtet, bestimmt, annimmt*, ohne sich sicher zu sein, dass es Gewissheiten von tatsächlichem Bestand und Wirkung sind, die ihre Quelle außerhalb des Menschen haben.

Es sind Realitäten, gebunden an das menschliche Bewusstsein. Wir haben es im Bereich des Realen mit einer Gedanken-, Wahrnehmungs- und Gefühlswelt jeglicher Art zu tun; unabhängig davon, ob sie ganz, teilweise oder gar nicht der Außenwelt des menschlichen Bewusstseins entspringen und einer Wahrheitsprüfung standhalten.

Aus dieser Sicht ist es vermessen, z. B. Lügen, Märchen und angesichts unserer heutigen Lebenswirklichkeit auch Verschwörungserzählungen als nicht real im Sinne von unwahr, als nicht wahrhaftig zu deklarieren, weil sie keine Tatsachen abbilden. Nicht-Tatsächliches wird oft im Alltagssprachgebrauch als wahr oder falsch, der Lüge oder der Wahrheit zugeordnet.

Wir haben deren Existenz zur Kenntnis zu nehmen. Sie *alle* haben eine Realität und eine Wirkungsmacht, auch wenn deren Inhalte zur Lebenswirklichkeit inadäquat sind. Das bedeutet im Schluss: Alles, was der Wahrheit[5] gerecht wird, ist real und damit wahrhaftig. Jedoch *nicht* alle vom Menschen geschaffenen Realitäten wie Meinungen, Mythen oder Legenden sind per se wahr. Ihnen kann der Wert *wahr oder falsch* nicht zugeordnet werden.

Das gilt im wissenschaftlichen Erkenntnisprozess auch für Hypothesen. Sie sind Annahmen, denen die Beweiskraft fehlt. Ist deren Wahrheit nachweislich, haben sie sich zu einer Aussage oder Theorie gewandelt.

Die Gedankenwelt eines Psychotikers, eines demenziell gezeichneten Menschen, eines Lügners oder Leugners bedarf nicht der Kritik von Unsinnigem. Sie verdient per se Respekt und Anerkennung in der Existenz jener Tatsache – frei von jeglicher inhaltlicher Betrachtung. Sie sind Aussagen ohne einen fixierten Wert von Wahrheit oder Falschheit. Es geht schlechthin wertfrei um deren Akzeptanz und ggf. um die Gewährung einer Toleranz.

Es zeugt von menschlicher Inkompetenz, deren Gedankenwelt bekämpfen zu wollen. Stattdessen sind wir gut beraten, jene „Wahrheiten" weder als unwahr noch als unreal bzw. irreal abzutun. Auch diese vom Menschen in Aussagen gekleideten Denkinhalte sind zu beachtende Realitäten.

---

[5] Der hier verwendete Wahrheitsbegriff folgt dem Aristotelischen Verständnis. Das heißt: Eine Aussage (Theorie) ist dann wahr, wenn ihr beschriebener Inhalt mit der außerhalb von ihr bestehenden Realität (Wirklichkeit) übereinstimmt. Wir sprechen dann von einer objektiven Wahrheit. Dies ist nicht zu verwechseln mit einer oft im Alltagssprachgebrauch vermeintlichen subjektiven Wahrheit. Derartige subjektive Wahrheiten verstehen sich als Meinungen, die nicht zwingend einer Wahrheit folgen. (sh. auch These 5)

(4)

Das Bewusstsein ist eine natürliche Eigenschaft des menschlichen Körpers. Es ist Teil einer mit dem Menschen gewordenen Geschichte und stellt alles andere an Ideellem qualitativ in der Naturentwicklung in den Schatten. Der Mensch hat die Fähigkeit, sich des Bewusstseins bewusst zu sein und gezielt für seine Lebensbewältigung einzusetzen. Er zeigt sich in seiner irdischen, evolutiven Einzigartigkeit. Ihm gebührt mit seinem Bewusstsein Demut und Respekt.

Der Mensch verkörpert in seinem Gewordensein eine bio-psycho-soziale Einheit. Ihre Teile stehen zueinander in einer wechselseitigen Beziehung und Abhängigkeit.

Das Denken und die mit ihm verbundene Intelligenz sind Ausdrucksformen menschlichen Bewusstseins. Als dessen Instrumente repräsentieren sie kognitive und kreative Gestaltungskräfte, die den Menschen in seiner Kulturentwicklung stets voranbrachten. Sie sind geistige Schätze, in denen bis heute der Animismus[6] präsent ist, weil in ihm das Potenzial für ein Leben mit Nachhaltigkeit im Umgang mit der Natur und sich selbst steckt. Die vom Menschen vorangetriebene Technikentwicklung löst das spirituelle Denken und Verhalten nicht auf; es bleibt erhalten. Die zunehmende Digitalisierung menschlicher Lebenswirklichkeit erzeugt im Gegenzug im Bewusstsein des Menschen eine wachsende Spiritualität. Spirituelles und Digitales haben eine gemeinsame historische Wurzel – den Animismus. Das menschliche Bewusstsein ist sein natürlicher Nährboden.

---

[6] Der *Animismus* ist eine Lebensanschauung. Die Auffassung ist, dass die Dinge der Natur – Steine, Pflanzen wie Tiere – beseelt sind. Die Idee von der Allbeseeltheit der Natur findet sich auch im Pantheismus des 18./19. Jahrhundert bis in unsere heutige Gegenwart wider. Indigene Völker leben heute in und mit dem Animismus und mit ihm im praktischen Leben tief verbunden. – Wie beseelt ist die heutige, insbesondere digitale Technik (humanoide Roboter)?

Die *Bewusstseinswerdung* im Menschen versteht sich als eine Transformation erwachenden Denkens. Es ist der Weg vom archaisch-animistischen[7], über die kognitive Weltendurchdringung der Erscheinungen menschlicher Lebenswirklichkeit, über die gewonnene Intelligenz hin zur Fähigkeit wissenschaftlichen Denkens.

Bewusstsein ist nicht nur eine Eigenschaft menschlichen, an den Körper des Menschen gebundenen Lebens. Seine Existenz und die Menschwerdung legten den Grundstein für eine Qualität des Bewusstseins, die sich durch ein bewusst gewordenes Sein auszeichnet. Das Bewusstsein in der Eigenschaft als bewusst gewordenes Sein ist Voraussetzung für menschliches Denken und zugleich Quelle und Funktion für eine sinnstiftende, erfolgreiche Wirklichkeitsbewältigung.

Das Bewusstsein als bioevolutives und soziohistorisches Resultat menschlichen Werdens versteht sich auch als ein dem Menschen gegenüberstehendes *bewusstes Sein*. Dieses ihm bewusst gewordene Sein verschafft dem Menschen den Zugang zu seinem Sein – zum einen zu seinem Ich (Selbst), zu seiner inneren Lebenswelt und zum anderen zu dem ihm gegenüberstehenden Sein, zu seiner außerhalb von ihm bestehenden Lebenswirklichkeit. Über Beobachtung, Wahrnehmung und Erkenntnis werden jene Seins zu einem *bewusst gewordenen Sein*.

Im Gegensatz zu diesen Seins gibt es Realitäten bzw. Wirklichkeiten, die für das Bewusstsein bisher oder gar nicht zugänglich sind. Es ist das *nicht bewusste (bewusst gewordene) Sein*, über das

---

[7] Das archaisch-animistische Denken ist die Urform des Animismus. Es zeichnet sich u. a. darin aus, dass der Mensch sich der Übermacht der Natur ausgesetzt sah und sich mit ihr im hohen Maße im Einssein verbunden fühlte. Alles Handeln wurde diese Naturmacht über den Menschen unter- bzw. eingeordnet.

der Mensch kein (konkretes) Wissen verfügt. Es ist lediglich das Wissen oder die Vermutung darüber, dass es „Dinge zwischen Himmel und Erde" geben mag, die für den Menschen existent sein mögen, jedoch im Konkreten für den Menschen nachweislich verschlossen, nicht zugänglich sein.

Das Bewusstsein verfügt über die Fähigkeit, sich einen Zugang zu diesen Welten zu verschaffen und sie in bewusstes Sein umzuwandeln. Sie *werden* sein Eigen (Angeeignetes) über das Denken, Fühlen und Handeln. Sie sind Mittel, Wege bzw. Zugangsformen menschlicher Wirklichkeitsaneignung.

Mit dem *Begriff des Seinsbewusstseins* wird das Bewusstsein des Menschen selbst ins menschliche Bewusstsein gehoben. Er bringt zum Ausdruck, dass der Mensch sich des Seins (des Daseins bzw. der Existenz) seines Bewusstseins bewusst sein kann und ist.[8]

Seinsbewusstsein ist ein signifikantes Qualitätsmerkmal *menschlichen* Seins. Seine exklusive menschliche Existenz ist nicht nur ein wesentliches Unterscheidungskriterium gegenüber anderen Lebewesen, sondern auch ein auszumachender Unterschied zu den bisher entwickelten Androiden (Humanoiden). Es liegt nahe, dass die Existenz eines menschlichen Seinsbewusstseins, d. h. die bewusste Selbstreflexion des eigenen Bewusstseins und damit sich des Seins des Bewusstseins bewusst zu sein, das gegenwärtige und zukünftige Unterscheidungskriterium zwischen Mensch und den humanoiden Robotern ist.

Das **Denken** ist eine Ausdrucksform und zugleich Funktion

---

[8] Das oben erklärte Seinsbewusstsein steht im Unterschied zum Selbstbewusstsein. Der Begriff des Selbstbewusstseins ist in der Perspersönlichkeitspsychologie angesiedelt. Es steht in Verbindung mit dem Selbstwertgefühl und verkörpert das bewusste Vertrauen zu den eigenen Fähigkeiten, Selbstkräften persönlichen Seins.

menschlichen Bewusstseins. Es hat in der Bewusstseinsentwicklung eine Geschichte. Sie zeigt sich in den Anfängen menschlicher Sozialisation in Gestalt des archaisch-animistischen Denkens bis über die Jahrtausende zur Intelligenz: Es ist der Beginn einer gezielten zwischenmenschlichen Kommunikation und Selbstreflexion sowie einer damit einhergehenden Lebensspiritualisierung und Symbolbildung. Diese Anfangsform des menschlichen Denkens zeugt von einer hohen Verbundenheit zwischen Mensch und Natur sowie der Machtabhängigkeit von ihr.

Diese Fähigkeit des Menschen half, Fehlentscheidungen und Handlungsrückschläge zu vermeiden bzw. zu minimieren. Die bioevolutiv angelegte Kompetenz zur Antizipation, d. h. der gedanklichen Vorwegnahme von Ereignissen, war für den einzelnen Menschen und die Weiterentwicklung der Sozialisation überlebenswichtig und damit von hohem, evolutivem Wert. Das erklärt, warum im Rahmen des archaischen Denkens sich dieser Teil kognitiver Fähigkeit weiter herausbildete. Im Ergebnis dieser Entwicklung entstanden induktives, systematisches Beobachten räumlich-zeitlicher Zusammenhänge und Abhängigkeiten, das Analogisieren mit dem Feststellen von bzw. durch Ähnlichkeiten sowie das Nachahmen von Geschehenem, um Zukünftiges zu erzwingen.

Die kognitive Durchdringung der Wahrnehmungswelt durch *Begriffsbildung, Herausbildung von logischen Denkschlussfolgerungen und das Generalisieren* waren Bedingungen, die das Spirituelle beförderten. Die Grundannahme, Ähnliches verhalte sich ähnlich und müsse deshalb ähnlich oder gleich behandelt werden, führte zu Ähnlichkeitsurteilen und unterstützte Scheinerkenntnisse, obwohl zwischen ihnen die ursächlichen Wirkungsketten verschieden sind.[9]

Das menschliche Welterklärungsbedürfnis und die naturbedingte Erklärungsnot führten zu Totem, Magie und Kult, Riten und Mythen. Sie sind gefüllt von geistigen Bildern, die sich aufgrund menschlicher Abstraktionsfähigkeit zu Symbolen und Zeichen wandelten.

Mit der gesellschaftlichen Entwicklung kristallisierte sich in diesem Bildersystem ein Zeichensystem besonderer Art heraus: Es ist die *Entstehung des Zahlenbegriffs*, von Zahlensystemen, Rechenoperationen und damit eines auf Zahlen und Zählen, anfänglich mathematischen Denkens. Zahlzeichen haben eine bis zu 30.000 Jahre alte Vorgeschichte im Rahmen der eiszeitlichen Cro-Magnon-Mentalität des menschlichen Denkens. Zählen *ist Er*zählen. Es ist das Erzählen bzw. Aufschreiben von Mengen an Dingen. Gegenstände zu beschreiben forderte den Menschen zur sprachlichen Kompetenz heraus.

Die Feststellung ist, dass a) die digitale Technikentwicklung die analoge zur Voraussetzung hat, b) jenes Denken in Zahlen und Zeichen, Symbolen und mathematisch geformten Bildern das Spirituelle im menschlichen Denken nicht auflöste, sondern weiter existent war und c) die in Ziffern (Zeichen) zum Ausdruck gebrachten Zahlen Neues an Spirituellem bereithielt und es befeuerte. Der Fortschritt kognitiver Denkleistungen setzte das Spirituelle im Menschen nicht außer Kraft. Sie unterstützten sich gegenseitig. Das verführt zum *Resümee und* folgender *These*: Die vom Menschen vorangetriebene Technikentwicklung löst das spirituelle Denken und Verhalten nicht

---

[9] Diese Art zu denken verknüpfen wir oft mit einem Aberglauben. Als Beispiel sei genannt die Verknüpfung zwischen wachsenden Geburten im Frühjahr und dem Zuzug der Störche aus dem Süden. So entstand die Annahme (der Glaube), dass die Störche die Kinder brächten.

auf; es bleibt erhalten. Eine zunehmende Digitalisierung menschlicher Lebenswirklichkeit erzeugt im Gegenzug eine wachsende Spiritualität. Spirituelles und Digitales haben eine gemeinsame historische Wurzel. Sie ist im archaisch-animistischen Denken begründet.

Das *menschliche Denken* ist eine Geistesfähigkeit, mit deren Unterstützung der Mensch ideelle Abbilder generiert. Es ist ein im Gehirn des Menschen angelegter Vorgang, eine Handlung im Geistigen. Es ist eine Leistung und erzeugt Denkresultate. Als Prozess zeigt es sich in den unterschiedlichen Gestaltungsformen: in Sprache, Begriffsbildung, Verallgemeinerungen, Klassifizierungen sowie in der Bildung von Analogien oder Assoziationen. Wir Menschen vermögen zu schreiben, zu rechnen und mit Hilfe des Denkens Lebensdinge zu konstruieren und damit zu kreieren, die wir in unserer natürlichen Lebenswelt *nicht* vorfinden.

Intelligenz versteht sich hier als eine Eigenschaft geistiger Leistung, die ihre natürliche Quelle im Nervensystem hat und mit Hilfe eines natürlichen Organs (Gehirn) über die Fähigkeit verfügt, auf komplexe Lebensanforderungen zu reagieren und gestaltend einzugreifen.[10]

Intelligenz ist eine *ideelle* Kompetenzeigenschaft, die sich mit der Evolution im Tierreich herausbildete. Sie zeigt sich im Tierreich

---

[10] Der Regenwurm ist als jenes Tier bekannt, das über ein Strickleiternervensystem verfügt. Es wird angenommen, dass es evolutionsgeschichtlich die erste Form ist ideelle Abbilder in Form von Empfindungen zu erzeugen. Weit komplexer, mit einem Gehirn ausgestattet, ist der Oktopus, der die Fähigkeit besitzt, ungelernt eine Lösung für ein Problem zu finden. So konnte experimentell nachgewiesen werden, dass Tintenfische in der Lage waren, ein verschlossenes Schraubglas zu öffnen, ohne jemals zuvor mit einem derartigen Glas, mit einem Deckel verschraubt, konfrontiert gewesen zu sein. Experimente mit Mäusen, Hunden, nicht zuletzt mit Primaten bestätigen mit ihrem Verhalten die Fähigkeit zu eine derartiges Geistesleistungen, die als *tierische Intelligenz* einzuordnen ist.

weit verbreitet, auch wenn diese in der Fauna nicht universell ist. Sie ist dort, wo Tiere es vermögen, nicht nur adäquat auf ihre Umweltbedingungen zu reagieren, sondern zudem die Fähigkeit besitzen, problemlösungsorientiertes Verhalten zu zeigen, ohne sich dessen bewusst zu sein, was sie tun. Intelligenz ist *eine* Erscheinungsform des Ideellen, die sich nicht allein auf Selbstwahrnehmung begründet. Sie ist auch nicht allein an die Fähigkeit gebunden, über sich selbst nachzudenken und Bilder im Bewusstsein zu erzeugen.

Die Intelligenz des Menschen geht über diese (tierische) Intelligenz hinaus und qualifizierte sich in der Evolution des Menschen zum *menschlichen Denken*. Als *menschliche* Intelligenz soll eine Qualität menschlicher Denkleistung besonderer Art verstanden werden. Dieses Denken beschreibt exklusiv eine geistige Handlung.

Intelligenz ist der Grad bzw. das Geistesmaß, Lebensprobleme, An- und Herausforderungen, anstehende Aufgaben oder Bedarfe auf den Weg der Bedürfnisbefriedigung zu bringen. Die Kompetenz der Lösungsfindung – je eleganter, effizienter, effektiver – ist das Qualitätsmaß für Intelligenz *und* Kreativität. Beide sind nicht voneinander zu trennen. Die Kreativität an Lösungen und Entwicklungen zeigt sich als Abbild von Intelligenz. Die Qualität der menschlichen Intelligenz äußert sich in der Reduktionsfähigkeit gewonnener Informationen und Gedankeninhalte, sie zusammenzufassen, zu komprimieren und auf ein Abstraktionsniveau zu heben.

Mit dieser Intelligenz geht auch die *emotionale* einher. Sie ist die Fähigkeit, Gefühle bewusst auszudrücken und zu reflektieren. Die sprachliche Selbstspiegelung der eigenen Gefühlswelt ist eine dem Menschen zuzuordnende Kompetenzeigenschaft.

Emotionale und affektive Wirkungen stehen im engen Zusammenhang mit der menschlichen Intelligenz und führen uns zum

Denken. Jenes kognitive *und* emotionale Denken findet Eingang in das Spirituelle und richtet in ihm keinen Schaden an. Es scheint gegenüber dem Spirituellen indifferent und demzufolge gegenüber dem Realitätsbezug des Denkens „blind" zu sein. Das wiederum bedeutet: Hat das Spirituelle in der menschlichen Intelligenz und damit im Denken seinen Platz gefunden, wird es auch nicht mehr zu verdrängen sein, weil seine Denkstrukturen der menschlichen Intelligenz folgen und nicht neben ihr stehen.

Das führt zur *These*: Im Spirituellen herrschen kognitiv-abstrakte Denkformen, begleitet von der Suche nach Invarianzeigenschaften[11] in der menschlichen Wahrnehmungswelt. Sie wurde ergänzt durch das Finden von jenen Eigenschaften in den kognitiven Denkstrukturen. In beiden haben u. a. Zahlen, Zeichen, Bilder eine Bedeutung. Sie lenken einerseits auf das mystische Denken mittels abstrakter Begriffe wie Gott, Universum oder in Harmonie begründeter Zahlen und Zahlenverhältnisse. Sie führen uns über das abstrakt-logische hin zum wissenschaftlichen Denken, das überlebte, unbrauchbar gewordene Spiritualität ablöste und neuartige ermöglichte, die u. a. in der Digitalisierung unserer heutigen Lebenswelt zu finden ist und in den Alltag getragen wird.

Zahlen und Zahlentheorie, Mathematik und Algorithmik, Kybernetik und Informatik sind die historischen Schritte, die den Übergang von der analogen zur digitalen Welt öffneten. Sie sind Räume, die der Spiritualität einen neuartigen Zugang verschafften. Die Zahlenwelt und Geometrie scheinen für viele Menschen ein unergründliches Geheimnis zu sein. Die Astrologie ist ein Raum, der sich von

---

[11] Invarianzeigenschaften sind Qualitäten, die die Unveränderlichkeit im Sinne der Konstanz an Größe, Form, Farbe oder in Bezug zu anderen Maßeigenschaften im Vergleich zwischen den Dingen oder Geschehnissen zum Ausdruck bringen.

dem der Astronomie grundsätzlich unterscheidet und dennoch haben beide gleiche Sach- und Denkwurzeln.

Das Spirituelle lebt bis heute in unserem modernen, wissenschaftlich-technisch durchdrungenen Denken und Handeln weiter. Es zeigt sich in seiner klassisch-tradierten Form des Glaubens, in übermenschlichen, transzendenten Vorstellungen, in der Glaubensfähigkeit des Menschen schlechthin. Es findet seinen Ausdruck in Werten, Glaubenssätzen bzw. Überzeugungen – fernab von jeglicher Gottesvorstellung. Wäre mit der Herausbildung des rational-kognitiven Denkens das Spirituelle, der im archaischen Denken angelegte Animismus verlorengegangen, so hätte es zu einem Verlust an Qualität menschlicher Intelligenz und Denken geführt. Stattdessen wurde es in der Evolution des Denkens *aufgehoben* – im Hegelschen Sinn bewahrt und auf eine höhere Entwicklungsstufe gehoben, d. h. gewandelt. Das lässt uns weiter denken und davon ausgehen, dass die Welt des Digitalen *nicht* frei von jeglicher Spiritualität ist.

Ohne menschliche Intelligenz gäbe es keine Umwandlung des Analogen ins Digitale. Die *Digitalisierung* als technischer Wandel vom Analogen zum Digitalen ist nicht nur mit der menschlichen Intelligenz, sondern auch mit dem Spirituellen verbunden. Beide brauchen einander, um ihre spirituellen und digitalen Wirkungskräfte mit Hilfe des auf Intelligenz begründeten menschlichen Denkens entfalten zu können.

Die *Kräfte des Spirituellen und der Intelligenz* im menschlichen Bewusstsein sind Naturgeschenke in der Evolution des Menschen und des Denkens. Der entstandene Zusammenfluss von Spirituellem und Digitalem ist gleichermaßen ein Geschenk sich vollzogener sozioökonomischer und kulturtechnischer Entwicklung. Der Mensch steht in der Verantwortung, das Zusammengehen von Spirituellem und Digitalem zu bewahren. Von dem heutigen indigenen Animismus[12] lässt sich lernen, der Verdinglichung unserer Lebenswelt Grenzen zu setzen und sich wieder mehr der Einheit von Mensch, Geist und Natur zuzuwenden.

Der Sinn zukünftiger Gesellschaftsentwicklung ist ein von Nachhaltigkeit bestimmter Humanismus, in dem beide Kräfte eine menschenfreundliche Entwicklungschance haben und füreinander einstehen, sich gegenseitig zu bewahren. Dafür braucht es neuerliche Ideen.

(5)

Glauben, Wissen, Meinen sind exponierte, ausschließlich dem Menschen zuzuordnende Fähigkeiten kognitiver Kommunikation. Sie repräsentieren im Bewusstsein stattfindende Geistestätigkeiten, die mit Zweifel und Annahme, Wahrnehmung, Erkenntnis und Wahrheitsfindung einhergehen. Es ist der Anspruch, diese Kognitionen voneinander zu differenzieren, angemessen im Welterkennen einzusetzen und sprachlich zu gebrauchen.

Glaube ist die Überzeugung von nicht auf Wahrheit Begründbarem. Seine fehlende Wahrhaftigkeit und Beweisbarkeit gibt dem Menschen den Weg frei, sich einer Wirklichkeit anzuvertrauen, die ihm das Leben im Geiste erschließt und erweitert. Er ist eine Bewusstseinserweiterung, die dem Menschen in Gestalt von Glaubenssätzen einen offenen Zugang zu dessen Lebenswirklichkeit verschafft. Glaube hat einen menschlich-spirituellen Wert, verbunden mit der Hoffnung auf Zukünftiges oder mit dem Festhalten an Nicht-

---

[12] Vgl. Theresa Schouwink: Vom Animismus lernen, in: philosphieMagazin, Heft 3, 2022, S. 32 ff.

Erfahrbarem.

Der Glaube ist der menschliche Versuch, Grenzen des Kognitiven zu überwinden, weil der Mensch stets nach Vollkommenheit, Absolutheit und Wahrheit strebt. Sie sind in dem menschlichen Bestreben, dieses zu erreichen, ein Garant für gewünschte Lebenssicherheit und -orientierung.

Der Begriff des Glaubens hat einen praktischen Wert im menschlichen Alltagsleben. Er findet dort seinen allgemeinen Gebrauch und trägt in seiner Funktion dazu bei, die Lebenswirklichkeit des Menschen zu erschließen und gemeinschaftlich sinnstiftend zu wirken.

Wissen ist im Prozess und Ergebnis gewonnene Erkenntnis, dessen Wahrheitsgehalt in Form von direkter und indirekter Beweisführungen überprüfbar ist. Es steht für gewisse und ungewisse Gewissheiten, die sich mit Beobachtungen und Wahrnehmungen, Annahmen und relativen Wahrheiten vermischen.

Auch wenn das Wissen Produkt und Abbild menschlicher Bewusstseinstätigkeit ist, am Wahrheitsgehalt gemessen wird und als Realität erscheint, so ist es nicht mit der objektiven Realität gleichzusetzen. Wissen ist eine an den Menschen gebundene Realität. Es ist relativ.

Der Mensch lebt mit seiner raum-zeitlichen, körperlich-geistigen Begrenztheit stets in einer *relativen* Lebenswirklichkeit.

Das Wissen zeugt von erfahrener bzw. erzielter Gewissheit. Es ist das Resultat eines Erkenntnisprozesses, dem Beobachtungen, Wahrnehmungen bzw. Schlussfolgerungen (gedankliche Ableitungen) vorausgehen. Als verifizierbares Produkt menschlichen Denkens sind sie die Grundlage für Nachhaltigkeit im menschlichen Handeln. Es ist ein wertvolles Gut menschlicher Geschichte, das wert ist, geschützt zu werden.

Meinen ist ein vom Menschen geäußerter Gedanke über dessen erfahrene bzw. erzählte Lebenswirklichkeit. Es ist das Kundtun einer Lebenshaltung oder das Vertreten von angeeignetem Wissen; es sind gemachte Annahmen, Wahrnehmungen bzw. Beobachtungen. Meinen heißt, das eigene Wissen oder mit Überzeugung zum Ausdruck gebrachte Glaubensinhalte, vom Meinen des anderen an Wissen und Glauben unterscheidbar zu machen. Meinungen sind teilbar und verhandelbar – Wahrheiten nicht. Meinungen stehen dem Glauben oft näher als dem Wissen. Glaubensmeinungen sind von Wissensmeinungen zu differenzieren. Nur der Wissensmeinung wird eine Beweiskraft zuteil. Das bedeutet, das Meinen (Meinungen) als vermeintliches Wissen vom artikulierten, falsifizierbaren Wissen zu unterscheiden. Es ist der Anspruch, zwischen diesen Begriffen zu differenzieren und von ihnen in unserer Alltagssprache sachgerechten Gebrauch zu machen.

Glauben, Meinen und Wissen zeugen als Produkte des Bewusstseins gemeinschaftlich von menschlicher Subjektivität unterschiedlicher Qualitätsgrade.

Es macht Sinn, sie inhaltlich und funktionell voneinander zu unterscheiden und adäquat in ihren jeweiligen Bedeutungen sprachlich zu nutzen.

Der kommunikative Alltag folgt nicht naturgemäß dieser Differenziertheit. Wissen, Glauben und Meinen werden sprachlich unsachgemäß im alltäglichen Leben verbraucht. Das wird besonders dann deutlich, wenn im Wissen Spielraum für *Glaubwürdiges* bleibt, umgekehrt Geglaubtes zu Wissen transformiert wird oder alles Meinen in den Status einer Wahrheit gehoben wird. Überall dort, wo Raum für Ungewissheiten bleibt, wo Mythen und Legenden, Halbwissen und Verschwörungsnarrative menschliche Fantasien anfeuern, werden aus ihnen Überzeugungen geboren, die sich als Wahrheiten und Wissen festsetzen, ohne es zu sein.

Meinungen verlieren ihren Charakter, wenn sie als solche nicht erkannt und apodiktisch als gewisse Gewissheiten und damit als Wahrheiten unter den Menschen verkündet und gestreut werden. Zweifel kommen nicht auf; sie sind weder erhaben noch zulässig.

Es bedarf bis heute mehr denn je der Aufklärung, im alltäglichen, kommunikativen Miteinander zwischen Wissen, Meinen und Glauben zu unterscheiden und sie sachgerecht sprachlich einzusetzen.

Wissen braucht eine sachliche, auf Wahrheit und Beweisbarkeit begründete Streitkultur. Meinungen verdienen im Austausch von Unterschiedlichkeiten Respekt zu jenen, die sie äußern. Meinungskämpfe fernab von Sachlichkeit und Begründung schaden dem Klima für einen fairen zwischenmenschlichen Umgang miteinander.

Der Glaube ist der kleine Bruder des Meinens, der sich eher im Feinstofflichen menschlicher Transzendenz bewegt und zur Erweiterung des Denkens beiträgt. Dabei ist der Glaube an Hoffnung und Zuversicht *nicht* an das Religiöse gebunden. Es können auch Wünsche oder Visionen sein, die den Menschen tragen.

(6)

Das *Spirituelle versteht sich als Gesamtheit aller geistig produzierten Erscheinungsformen des Menschen, denen eine Transzendenz[13] zugeordnet ist.* Es derart zu verorten heißt, dass seine For-

---

[13] Unter Transzendenz wird im Allgemeinen bildungssprachlich jenseits von Erfahrung oder Gegenständlichem Liegendes verstanden. Aus philosophischer Sicht haben wir es mit dem Überschreiten von Grenzen einer menschlichen Erfahrungs- bzw. Bewusstseinswelt zu tun. Es ist das Verlassen der unmittelbar uns zugänglichen Welt, die uns logisch und einleuchtend erscheint und sich mit der Transzendenz in eine neue auflöst.

*men, Bilder und Inhalte ihren Ursprung **im** menschlichen Bewusstsein haben. Es sind geistige Kreationen, deren Existenz und Wirken innerhalb wie außerhalb des Menschen transformiert werden. Dem Spirituellen wird eine außerhalb und innerhalb auf den Menschen wirkende Gestaltungskraft nachgesagt. Sie ist für den Menschen wirklich. Mit dem Spirituellen verbindet der Mensch Mystisches, nicht in allem Erklärbares, außerhalb der menschlichen Kontrolle Liegendes. Das Spirituelle schließt das Rituelle, mit dessen Hilfe das Spirituelle gelebt wird, ein. In der Sozialisation wird das schlechthin Spirituelle zur Spiritualität als Merkmal kulturellen Lebens des Menschen. Es hat eine Kulturgeschichte. Der Wert des Spirituellen liegt darin, es als Chance und Risiko individuellen und gesellschaftlichen Lebens zu begreifen, angemessen zur Wirkung zu bringen und als Kultur wachsen zu lassen.*

Die Spiritualität der heutigen Moderne hat auch ein politisches Gesicht. Dieses Politsch-Spirituelle offenbart sich als ein „Böses", dem archaisch-animistischen Denkprinzip folgt. Das „Böse" zeigt sich u. a. im Fanatismus, Rassismus oder Antisimitismus.

Das Spirituelle zeigt sich als eine reale ideelle Lebenswelt, mit ihren Quellen im und außerhalb des menschlichen Bewusstseins, im Transfer und als Produkt adäquaten Handelns. Es repräsentiert eine Lebenswirklichkeit, deren Zugänglichkeit entweder im menschlichen Bewusstsein durch Bewusstheit oder im Verborgenen, nicht zwangsläufig (logisch und rational) Schlüssigen liegt.

Das *Spirituelle* ist *eine* Ausdrucks- und Gestaltungsform des menschlichen Bewusstseins. Es ist Teil und evolutives Produkt gewachsenen Bewusstseins und wandelte sich im Zuge der Sozialisation zur *Spiritualität* – zu einer kulturellen, den Menschen prägenden kulturellen Kraft.

Spirituell bedeutet auch, alles Fühlen, Denken und Handeln, das menschliche Leben mit dem Bewusstsein als Ganzes, auf eine Wirklichkeit mit innerer Überzeugung so auszurichten, dass hinter ihr eine Welt steht, deren wissentliche Erfahrbarkeit aus der unmittelbaren Lebenspraxis nicht möglich ist und dennoch als Erfahrung wahrgenommen wird. Es bedarf folglich der Voraussetzung eines Glaubens (Annahme) bzw. der Überzeugung sowie besonderer Mittel und Wege, über die ein Zugang in die andere (transzendente) Welt möglich wird.

Ein *spirituelles Leben* führt ein Mensch, der seinen Alltag, seine Aufgaben, Absichten und Ziele, seine Grund- bzw. Glaubenssätze und Werte darauf ausrichtet, das Diesseitige im Leben mit dem Jenseitigen (Transzendenten) zu erschließen und somit zwei Erfahrungswelten zu verbinden, in beiden Welten präsent zu sein.

Spiritualität unterliegt einer kulturellen, auf Sozialisation ausgerichteten menschlichen Entwicklung. Sie begründet und formt das Leben des Menschen in der Gesellschaft. Spirituelle Rituale und das darin eingebundene Equipment lassen aus ihnen *Kult* entstehen. Der Kult ist der Einstieg in ein spirituell geführtes Leben, aus dem die Spiritualität wächst und sich festigt. Sie ist die im Geiste gewandelte Kultur und damit Ausdruck menschlicher Lebenskultur und Kulturgeschichte mit spirituellem Inhalt.

Kultur ist über Generationen gewachsenes Verhalten, bestimmt durch Erfahrung und Nachahmung. Es ist Entwicklung und Weitergabe von spirituell gebundenen Traditionen. Kultur *ist* soziale Vererbung.

So sehr die Spiritualität Einfluss auf die Gesellschaftsentwicklung – einschließlich auf die Kultur- und Technikentwicklung –

nimmt, so sehr wirken diese Entwicklungen auch auf das Spirituelle des Menschen zurück und umgekehrt. Insofern sind sie beide – das Spirituelle in der menschlichen Singularität und die Spiritualität im Gesellschaftlichen – wechselseitig dem Wandel unterworfen. Es sind Transformationen, die mit der Bewusstseinsentwicklung des Menschen und im Fortschreiten der Gesellschaft neue Gesichter zeigen. Spirituelles und Spiritualität sind veränderlich und unterliegen im sozioökonomischen Kontext menschlicher Gestaltung.

Das Spirituelle zeigt sich in verschiedenen Formen mit einer Geschichte. Es wandelt sich zur Spiritualität, sobald es soziokulturellen Charakter annimmt. Damit ist Spiritualität mehr als nur das Spirituelle. Die Geschichte der Sozialisation des Menschen geht mit einer Geschichte des Spirituellen und der Spiritualität einher.

Der Wandel vollzog sich von der spirituellen Spiritualität, gebunden an archaisch-animistisches Denken und Verhalten der Menschen, hin zur religiösen Spiritualität im Sinne eines monotheistischen Götterglaubens und einer adäquaten Lebensweise. Ohne dass diese Spiritualitäten in der weiteren menschlichen Gesellschaftsgeschichte verlorengingen, folgte im späten Mittelalter mit der Mechanisierung und der Industrialisierung im Kapitalismus die technische Spiritualität. Im 20. Jahrhundert tat sich mit der Digitalisierung unseres Lebens die digitale Spiritualität auf.

Spirituelles im Menschen und Spiritualität als Ausdruck gesellschaftlicher Kultur zeigen sich gleichermaßen als Quellen und Kräfte, offenbaren Eigenes und Fremdes und erscheinen als Offenes und im Verborgenen.

Ein menschliches Leben ohne Spiritualität ist – egal zu welcher Zeit der Gesellschafts- und Technikentwicklung – undenkbar. Sie überzieht alle Bereiche menschlichen Daseins. Heute kommt es mehr denn je darauf an, ihre Kraft zu erkennen, zum Nutzen und zur Entwicklung von Mensch und Gesellschaft, Natur und Technik bewusst einzusetzen.

Aus dieser Verbundenheit qualifiziert sich Spiritualität. Sie ist begründet, verändert sich im Rahmen neuer gesellschaftlicher und technischer Entwicklungen. Spiritualität *lebt* in einem gesellschaftlichen Raum. Es ist ein Raum, in dem Spirituelles sich zur Spiritualität wandelt. Spiritualität ist das sozioökonomische, technischkulturell gewandelte Spirituelle. In diesem Sinne ist sie ein genuines Qualitätsmerkmal gesellschaftlichen Seins.

Die *Spiritualität* wirkt nicht nur als eine treibende Kraft menschlicher Bewusstseinserweiterung, sondern sie trägt ebenso im hohen Maße zum menschlichen Zusammenleben und gesellschaftlichen Wachstum auf dem Boden der Kultur bei.

Spiritualität fungiert zudem im Laufe ihrer Geschichte und eigenen Wandels als **Korrektiv**. Sie ist es insofern, dass das im Menschen innewohnende Spirituelle sich *als Gewissen* gegenüber seinem Tun mit Blick auf die Technikentwicklung aufstellt. Es fordert die menschliche Bewusstheit ein.

Dieses Korrektiv offenbart sich im gegenwärtigen Zeitgeschehen seit der Digitalisierung der menschlichen Lebenswelt in besonderer Weise. Es zeigen sich zwei Lebenswelten – eine analoge und eine digitale –, mit denen Gefahren der Verselbstständigung und Übermächtigkeit des Digitalen einhergehen können.

Die *Digitalisierung* trägt signifikant zur Tempoverschärfung des gesellschaftlichen Lebens bei. Der Mensch ist einer bisher nie dagewesenen Schnelllebigkeit ausgesetzt. Das verschafft ihm im verstärkten Maße Desorientierung und vermehrt Irritation und Verunsicherung. Der Mensch ist jedoch zwecks Lebensbewältigung im ho-

hen Maße auf Sicherheit und Geborgenheit, Wegweisung und Ziel-
bestimmung angewiesen. Geraten diese menschlichen Lebenseigen-
schaften aus dem Gleichgewicht, wachsen im gleichen Maße Sehnsüchte, die auf eine Stabilität des Lebens gerichtet sind.

Der auf den Menschen wirkende Zusammenfluss von aktuell aus-
gemachten Krisen, Natur- bzw. Umweltkatastrophen – begleitet von
Bedrohungen und Ängsten –, die Corona-Pandemie, der Krieg in der
Ukraine, die schwer zu bewältigenden Flüchtlingsströme sind alles
Lebensereignisse, die den Menschen in Unruhe versetzen und wenig
Lebenshalt geben.

Die Digitalisierung trägt im hohen Maße zur menschlichen Lebensverunsicherung bei. Sie scheint nicht fassbar zu sein. Sie ent-
zieht sich jeder eigenen Kontrolle. Im Gegenteil, sie kontrolliert den
Menschen. Die Corona-Pandemie wurde für viele Menschen zu einem Mythos – einem Phänomen mit fehlenden Gewissheiten und
unaufgeklärten Räumen. Das ruft im Gegenzug Sehnsüchte und Reaktionen auf den Plan, die einem archaisch-animistischen Denken
vorchristlicher Zeit gleichkommen.

Der Mensch schafft sich naturbedingt für seine eigene Existenz
und Sicherheit ein Lebenskorrektiv und -regulativ – bis heute.

Aus dieser Tatsache heraus trägt der Mensch Zeit seines Lebens
ein so genanntes inneres Vermächtnis, das er sich selbst schuldet: Es
ist die Verantwortung des Menschen, dafür Sorge zu tragen, die Spiritualität nicht nur zu bewahren, sondern sie in den gesellschaftlich-
technischen Fortschritt einfließen zu lassen und ihr Raum für eine
kulturbestimmende Eigenentwicklung zu geben. Der Mensch weist
der Spiritualität eine essenzielle gesellschaftliche und geschichtsge-
bende Rolle zu. Die Spiritualität fungiert in ihrer Wirksamkeit und
Rolle als Regulativ *und* Korrektiv.

Die Spiritualität versteht sich als Kulturform eines von Humanismus getragenen Welt- und Lebensverständnisses. Von ihr geht eine Ethik der Verantwortung und geistigen Freiheit, von Kommunikation und Vertrauen aus. Spiritualität ist ein notwendiges zu gestaltendes, kulturell-gesellschaftliches Normativ menschlichen Zusammenlebens.

Im Zuge der Digitalisierung erlebt die Spiritualität eine qualitativ neuartige Transformation. Zum einen wird sie durch die Digitalisierung vereinnahmt und ihrer Wesensbestimmung entrissen. Zum anderen verfügt die Spiritualität an Kraft, die zunehmende Digitalisierung in Bahnen menschlicher Bewusstheit und Humanität zu lenken. Es liegt einzig und allein in der Verantwortung und im Handeln des Menschen, Bewusstheit und Humanität so zu stärken, dass sie als Regulativ und Korrektiv im Sinne eines Fortschritts mit Nachhaltigkeit in der Gesellschaft wirksam werden.

(7)

Der Spirit des Menschen ist sein anderes *Seinsbewusstsein. Es bewegt sich in einem Lebensspiel zwischen menschlichem Diesseits und Jenseits und verkörpert einen Wandelgang in bzw. zwischen der inneren und äußeren Lebenswelt des Menschen. Auf dem Weg zum Spirituellen lassen sich dessen Quellen und treibende Kräfte entdecken. Sie sind jene geistigen Schätze, die es zu bewahren und zu nutzen gilt. Sie sind ein humanistisch wirkendes Potenzial und ein wichtiges Regulativ zur Wahrung des Menschlichen gegenüber einer sich entwickelnden (Über-)Macht an Technischem. Der Spirit des Menschen und die stark geformte Künstliche Intelligenz werden zunehmend Gegen- und Mitspieler der Lebenswirklichkeit.*

Der Spirit des Menschen ist insofern ein *anderes* Seinsbewusstsein, weil der Mensch mit seinem Bewusstsein sich nicht nur eines existierenden inneren (Gedanken, Gefühle, Seele) *und* äußeren (Lebenswelt) Seins bewusst ist, sondern weil es sich in einer Beziehung zwischen Diesseits und Jenseits bewegt. Sie stehen zueinander flüssig, durchlässig und transformierbar.

Diesseits und Jenseits sind Teile und zugleich Seiten *einer* Lebenswelt. Als jene so verortet, ist das Dies- und Jenseitige für den Menschen das Menschliche selbst. Kein Diesseits ohne ein Jenseits und umgekehrt. Diesseitiges im Bewusstsein des Menschen entwirft Jenseitiges; und der Mensch vermag seine nach außen getragene Lebenswelt wieder in sein Diesseitiges zurückzuholen.

Der moderne Spirit ist frei von Religiosität und grenzt sich von dem tradiert Religiösem ab.

Der Mensch erfährt seinen Spirit auf unterschiedlichem Wege. Kommt der Mensch mit seinem inneren Geist in Berührung, lässt er sich gerne in die Welt des Spirituellen fallen. Es ist das Gefühl des Aufgehobenseins und der Geborgenheit, was den Menschen zu seinem *diesseitigen Jenseits* führt, weil erfahrene Fremde und Angst, Verlassenheit und gefühlte Dissonanz ein Gefühl emotionaler Kälte im *jenseitigen Dieseits* vermitteln.

Die Suche nach einem Sehnsuchts- bzw. Rücksichtsort ist das, was den Menschen in seiner Lebenswirklichkeit permanent begleitet, weil er einen steten Kampf um sich und sein Lebensumfeld wahrnimmt, aus dem er sich allzu gerne auch einmal herausnehmen möchte.

Der menschliche Spirit ist ein Geschenk der Geschichte des Bewusstseins. Er verschafft dem Menschen den Bau von Brücken eines inner-, zwischen- und außermenschlichen Dies- und Jenseits, von

Transzendenz und Immanenz[14].

Der Spirit des Menschen verkörpert eine kreative Kraft. Es liegt in der Natur des Menschen zu wissen, wie er sie einzusetzen vermag. Er allein verantwortet ihren Umgang und ihre Handhabung. Der Mensch handhabt seinen Spirit wie ein (technisches) Instrument, das nicht die Macht über den Menschen, sondern der Mensch die Macht über dessen Nutzung hat. Der Mensch hat die alleinige Verfügbarkeit über seinen Spirit. Es sind die Kräfte menschlicher Inspiration und Intuition, die den Spirit resonant werden lassen. Achtsamkeit, Demut und Respekt sind die wertschätzenden Qualitäten modernen spirituellen Lebens. Sie verfügen über die Kraft, Technikentwicklungen und die Digitalisierung der Lebenswirklichkeit in Bahnen menschlicher Vernunft zu lenken.

In unserem alltäglichen Sprachgebrauch wird zwischen Spirit und Geist des Menschen nicht unterschieden. Diese Ausdrücke finden ihre gleiche Bedeutung. Ungeachtet des Hinweises, dass dem menschlichen Geist (Ge-)Hirn, Bewusstsein und Intelligenz gleiche Bedeutungen zugeschrieben werden und im Christentum der Heilige Geist sich außerhalb vom Menschen Bestehendes als Jenseitiges bewegt, finden wir mit dem Begriff des Geistes einen weiteren Zugang, der sich mit der Hegelschen Philosophie in seinem Werk „Philosophie des Geistes" erschließt.

Die *Bildung des Bewusstseins als menschlicher Geist* im Laufe

---

[14] Der Begriff der Transzendenz wird unterschiedlich gebraucht. Hier ist es das Überschreiten einer Grenze gemachter Erfahrung bzw. des menschlichen Bewusstseins, die uns zu Gedanken, Bildern oder Gefühlen führen, die außerhalb dessen stehen, was wir an Gedanken, Bildern oder Gefühlen kennen bzw. erfahren haben. Unter Immanenz wird das Innewohnende, das Enthaltensein in den Lebensdingen. Immanenz bedeutet das Verbleiben in etwas. Es findet keine Grenzüberschreitung statt.

der Geschichte des individuellen Werdens des Menschen, mit seinem Heranwachsen, seinen Erfahrungen und seiner Intelligenz ist das eine; die Entwicklung des Bewusstseins des Menschen als *kollektives Bewusstsein* das andere. Der Mensch wächst nicht als einzelnes Individuum, sondern es agiert in seiner Lebensgeschichte als kollektives, gemeinschaftlich wirkendes Wesen. Er ist auf Sozialisation angewiesen und ist selbst Teil der Sozialisation. Das bedeutet in der weiteren Überlegung, dass das sich entwickelnde, individuelle Bewusstsein gar kein einzelnes menschliches Bewusstsein ist, sondern als Teil einer größeren Gemeinschaft zählt. Dieses Werden vom individuellen zum gemeinschaftlichen Bewusstsein macht den Geist des einzelnen Menschen zum kollektiven Geist. Der Mensch tritt nicht vereinzelt, sondern als Teil der Gesellschaft, des Kollektivs, auf.

Diese Transformation ist nur möglich, wenn der Mensch über ein *Selbstbewusstsein* und *Seinsbewusstsein* verfügt. Es sind zwei Bedingungen, die den kollektiven Geist befördern. Das Selbstbewusstsein – eher in einer psychologischen Fassung – bringt das menschliche Bewusstsein zu sich selbst zum Ausdruck. Es ist das nach innen gerichtete Seinsbewusstsein. Das andere Seinsbewusstsein, das sich vom Selbstbewusstsein abhebt, ist das nach außen gerichtete Bewusstsein. Seinsbewusstsein bedeutet i. d. S. das mit Hilfe des menschlichen Bewusstseins bewusst gewordene Sein. Anders formuliert: Mit dem individuellen Bewusstsein des Menschen ist der Weg frei, sich seines Seins und seiner Welt bewusst zu sein, was ihm ein Seinsbewusstsein (mittels Bewusstsein) verschafft.[15]

---

[15] Vgl. Bewusstsein und Geist, Gespräch Lisa Friedrich mit Axel Honneth, in: Philosophie Magazin, Thema Hegel, Sonderausgabe Heft 24/2023, S. S. 32 ff.

(8)

Die Technik ist eine aus Natur und Geist (Bewusstsein) des Menschen geschöpfte Lebenswelt. Ohne Mensch mit seinem Bewusstsein gibt es keine Technik – ohne Technik kein Menschsein – ohne Kreation und menschliches Handwerk kein technischer und gesellschaftlicher Fortschritt. Die Technik ist die vom Menschen überlistete Natur. Sie die zweite vom Menschen geschaffene, erweiterte Natur. Sie hat die Kraft für eine erweiterte und vertiefende Lebensbewältigung und forciert den Aneignungsprozess natürlicher Ressourcen umfänglicher Bedürfnisbefriedigung.*

Die Technik hat in der menschlichen Gesellschaft eine hunderttausendjährige Geschichte, in der sich in Epochen wandelte. Jeder Technikwandel bedeutete immer auch ein Wandel der Gesellschaften in Epochen (Formationen).

Der Mensch muss sich mehr denn je der Tatsache bewusst sein, dass er allein bei der Herstellung und Anwendung von Technik über deren Wertigkeit entscheidet. Einzig und allein die menschliche Techniknutzung und Zweckbindung bestimmen über deren Sinn und nicht die Technik für sich selbst. Die Verantwortung des Menschen im Umgang mit Technik ist essenziell.

Die *Technik* ist ein Produkt des Menschen. Mit ihrer Schaffung wird und verändert sich nicht nur die Technikwelt, sondern die menschliche Lebenswelt als Ganzes, die wiederum rückwirkend neue Technikentwicklungen möglich macht. Die Technikentwicklungen lassen sich qualitativ in verschiedenen Epochen beschreiben, wie z. B. die Bronze- oder Eisenzeit zu Beginn der menschlichen Zivilisation, die Zeit der Industrialisierung im 19. oder die der Digitalisierung seit Mitte des 20. Jahrhunderts.

Technik versteht sich als die vom Menschen geschaffene *Zweit-Natur*, mit deren Hilfe er Entwicklungen und Wandlungen in Natur, Technik und Gesellschaft, Kultur und Wissenschaft in Gang setzt. Mit dem vom Menschen gewandelten Naturprodukt zog er über die Jahrtausende die Herrschaft von Natur, Mensch *und* Gesellschaft an sich.

Technik aus Natur *und* menschlicher Geistes- und Handwerkskraft geschaffen verbirgt in ihrer Historie eine treibende Kraft, die von Gegensätzen bestimmt ist.

Technikentwicklung ist die in der Gesellschaft eingebettete Abfolge kreativer Basis- und Design-Innovationen. Sie ist der Weg der kleinen und großen aufeinander aufbauenden Kreationen, gezielt, gewollt oder auch zufällig als Nebenprodukt einer anders gewollten Entwicklung, angetrieben durch Neugierde, Versuch und Irrtum und den unbändigen Willen zur Lebensverbesserung, auch verbunden mit der Absicht einer wirtschaftlichen Gewinnerzielung oder Verfolgung politischer Ziele.

Die Geschichte der Technik ist zugleich eine Geschichte der Transformation der Natur mit Folgen auf die Gesellschaftsentwicklung. Jene Transformationen lassen sich als historische Artefakte bestimmen: Das Artefakt 1.0 ist der vom (Ur- oder Vor-)Menschen angeeignete Naturgegenstand. Diese Naturaneignung bleibt ohne oder nur von geringer Gegenwirkung auf die Natur, jedoch wirkungsvoll für den Menschen. Es folgte Artefakt 2.0 als die Geschichte der Werkzeugherstellung zwecks Herstellung neuerlicher Werkzeuge. Artefakt 3.0 vereinigt und charakterisiert Mensch und Geist, Natur und Technik in kultureller Form. Es sind bildhafte Darstellungen, Symbolbilder und Rituale. Die Herstellung von Zeichnungen und Skulpturen, Schmuck und Musikinstrumenten, von bemalten, verzierten, ausgeschmückten Gegenständen des täglichen Lebens. Künstlerische Fähigkeiten verleihen dem Leben eine ästhetische Note. Es ist die Gestaltung, Pflege und Nutzung von Plätzen oder Räumen, ritualisierte Tänze, die die Verbindung zwischen Mensch und Natur herstellten. Sie waren den übernatürlichen Kräften gewidmet. Artefakt 4.0 ist der Qualitätssprung, der Schrift und Zahlensystem hervorbrachte. Artefakt 5.0 ist ein von Wissenschaft *und* Technik angetriebenes Zeitalter besonderer Art. Wir haben es hier mit einer Technikkultur zu tun, die von Massenhaftigkeit und Massenwirksamkeit charakterisiert ist und das Markenzeichen der *Industrialisierung* trägt. Sie hat ihren Vorgänger in der Mechanisierung der Technik. Mit Artefakt 5.0 immanant eingebunden ist „Industrie 4.0". Industrie 4.0 hat selbst eine Geschichte und ist im Wandel begriffen, was zu Artefakt 6.0 führt. Artefakt 6.0 ist charakterisiert durch die wachsende Verschmelzung von Mensch und Technik zur Künstlichen Intelligenz.

Mit der menschlichen Einverleibung von Natur und Technik verwandeln sie sich zu inneren und äußeren Kräften gegensätzlicher Geschehnisse. So werden sie durch Menschen Hand zu Produktiv- bzw. Destruktivkräften. Das gilt für Natur *und* Technik gleichermaßen.

Es ist der Mensch, der das Potenzial des Konstruktiven (Aufbauenden) und Destruktiven (Zerstörenden) in sich trägt und mit jeder Wirklichkeitsaneignung diese Potenziale nach außen transformiert.

Der Geist des Menschen, der im Laufe seiner Geschichte – verbunden mit Natur, Technik und wachsender Sozialisation – sich zur hochgradigen Intelligenz entwickelte, kann ihm auch zum Verhängnis werden. Der Mensch verfügt über eine Intelligenz, die ihm Kreationen, Wandlungen, Gestaltungen an Natur und Technik erlauben.

Das Dilemma ist, dass der Mensch hochentwickelte technische Komplexitäten zu schaffen in der Lage ist, sie aber nicht sicher zu händeln bzw. zu beherrschen vermag. In der vom Menschen geschaffenen modernen hochkomplexen Technik verbirgt sich eine Quelle menschlicher Machtlosigkeit und Unbeherrschbarkeit. Es sind Lebenswirklichkeiten entstanden, die Mensch und Natur – durch Technikkreationen verursacht – in Lebensbedrohungen versetzen können.

Der Mensch braucht existenziell die Natur – die Natur *nicht* den Menschen. Der Natur ist es egal, was aus dem Menschen wird. Die Natur verfügt über eigene Kräfte, aus sich selbst zu schöpfen. Sie schafft zu ihrem Erhalt und ihrer Entwicklung ihre eigenen Kreationen. Es ist die biotische[16] Evolution mit ihren Triebkräften von Mutation und Selektion, genetische Rekombination, Gendrift und Isolation, die vor ca. 3,5 Milliarden Jahren die lebensbezogene Entwicklung in Gang setzten. Der Mensch ist gut beraten, sich dieses Umstandes mit Demut bewusst zu sein.

Mehr denn je ist der Mensch angehalten, die biotische Evolution devot zur Kenntnis zu nehmen und dringend angehalten, im Einklang mit Natur und Technik zu handeln. Der Schlüssel dieses Einklangs ist mit einer Kritik an der kapitalistischen Wirtschaftsweise, insbesondere an deren Verteilungsverhältnisse, geknüpft. Es ist zu Teilen der Mensch selbst, der noch nicht umfänglich, ganzheitlich-

---

[16] Es wird meinerseits zwischen „biologisch" und „biotisch" unterschieden. Es sind zwei Adjektive, die jeweils semantisch auf zwei Ebenen hinweisen. „Biotisch" kennzeichnet eine Eigenschaft in der Sache, im Gegenstand. Das Biotische ist das Leben selbst. „Biologisch" zielt hingegen auf die Charakterisierung einer wissenschaftlichen Beschreibung. Eine These oder Theorie im Bereich der Biowissenschaften ist demnach *biologischer* Natur. *Biotisch* ist ein Lebewesen oder ein objektiver Prozess wie die Zellteilung oder Photosynthese.

systemisch, dialektisch begriffen hat, dass nicht der Mensch die Macht über die Natur hat, sondern die Natur die Macht über die Qualität und das Schicksal des menschlichen Lebens. Sie allein bestimmt über das Menschsein.

Der Mensch *ist* Gast auf der Erde und hat sich bei aller Moral ihr gegenüber – incl. ihrer Ressourcen – respektvoll zu verhalten. Er ist *nicht* auf Gottes Geheiß beauftragt, sich die Natur untertan zu machen[17], sondern ihr mit Würde zu begegnen.

(9)

Das Digitale versteht sich als die Gesamtheit jenes Technischen, das eine Transformation vom Analogen zum Digitalen durchlief bzw. im Zustand des Digitalen existiert. Es ist ein kreiertes Produkt menschlicher Technikentwicklung – vergleichbar mit dem Übergang von der Werkzeugherstellung hin zur Schaffung von Werkzeugen mit Hilfe von Werkzeugen vor ca. 100.000 Jahren. Es ist ein Qualitätssprung in der menschlichen Entwicklung, eine technische Basisinnovation von bisher nicht gekanntem Ausmaß, der alles Vorangegangene in den Schatten des technischen Fortschritts stellt. Jener Wandel der Werkzeugherstellung bis hin zur neuerlichen Schaffung von Werkzeugen zwecks Herstellung neuer Werkzeuge hält einem Vergleich mit der Transformation des Technischen vom Analogen zum Digitalen stand. Der grundlegende Unterschied zwischen diesen beiden technischen Qualitätssprüngen besteht darin, dass erstmalig

---

[17] Vgl. Altes Testament, Genesis 1,28 „Macht euch die Erde untertan und herrschet über die Fische des Meeres, die Vögel des Himmels und alles Getier…" Ob hinsichtlich der Textinterpretation eine menschliche Fehldeutung vorliegt oder nicht, sei dahingestellt. Tatsache ist, der Mensch hat gerade in den letzten dreihundert Jahren Raubbau an der Natur betrieben und beklagt mehr denn je das Dilemma eines irreversiblen Klima- und Naturwandels.

mit der Digitalisierung und weiterführenden Künstlichen Intelligenz die Gefahr wachsen kann, dass Verantwortung des Menschen immer mehr an intelligente Techniken abgegeben wird. Die Digitalisierung ist nicht nur der Schritt einer grundlegenden technischen, innovativen und nachhaltigen Transformation; sie öffnet auch die Tür für eine eigene neben dem Menschen sich herausbildende Subjektivität mit selbstgeformten, kreativen, digitalen Denkleistungen. Es ist das Entstehen einer neuen, gegenüber dem Menschen eigenständig agierenden Lebensform, der das Ausdrücken von Gefühlen, das Denken und Handeln nicht fremd sein wird. Menschen und Humanoide werden sich immer weiter angleichen. Das Verständnis von Leben wird neu zu definieren sein. Philosophie und Ethik sind herausgefordert, diese Entwicklung kritisch anzumerken und Handlungsempfehlungen bereitzustellen.

Digitalisate sind Geräte, Instrumente und Verfahren, die auf digitale Weise tätig sind bzw. auf der Grundlage digitaler Prinzipien arbeiten. Die *Digitalisierung* ist der technische Wandel vom Analogen zum Digitalen. Sie ist Prozess und Resultat dieser Transformation. Das Digitale greift auf das Analoge zu, bedient sich dessen und transformiert es.

Ohne Analoges gibt es kein Digitales. Selbst wenn unsere Welt durchdigitalisiert wäre, bleibt Analoges zur Schaffung von Digitalisaten mittels Digitalisierung erforderlich. Es sind Gerätschaften, die Analoges in Digitales wandeln bzw. Digitales transportieren. Dabei ist nicht ausgeschlossen, dass jene Digitalisate fortschreitend ganz oder teilweise mit Hilfe des Menschen selbst digitalisiert werden bzw. sich autonom weiter digitalisieren.

Die **Digitalisierung** repräsentiert eine vom Menschen hervorgebrachte Techniktransformation – eines Wandels vom Analogen zum Digitalen. Es ist eine Technikentwicklung von einer bisher nie da gewesenen Qualität. Sie ist das Aufstoßen einer neuen Technikwelt und das Sprungbrett hin zu einer neuen Lebenswirklichkeit.

Die Welt des Digitalen ist eine vom Menschen in der Gesellschaft geschaffene *Dritt-Natur*, die in der Technik als Zweit-Natur begründet ist, die wiederum ihre Quelle in der (natürlichen) Natur *und* im menschlichen Geist (Bewusstsein) hat.

Die Digitalisierung lässt die analoge Lebenswelt nicht verschwinden. Sie macht sie zunehmend kleiner – keinesfalls unbedeutender. Im Gegenteil, jener Teil der analogen Lebenswelt wird aufgrund wachsender Exklusivität für den Menschen an Bedeutung gewinnen. Zwei Lebenswelten – die analoge und die digitale – werden stets präsent sein, sich im Wesen und in der Funktion unterscheiden und einander brauchen

Das Streben des Menschen, seine Lebenswelt zu digitalisieren, birgt die Gefahr der Selbstvergessenheit. Es verklärt die Frage nach dem Wesen und dem Ursprung menschlichen Seins. Erhält das Digitale die Macht über das Analoge, verliert der Mensch immer mehr die Herrschaft über sich selbst. Ein wachsender Verlust wird sich in der natürlichen Emotionalität des Menschen zeigen, wenn er dieser Entwicklung nicht gegensteuert – es sei denn, die Künstliche Intelligenz ist mit einer annähernd Emotionalen Intelligenz ausgestattet, die einen Unterschied im Verhalten und in der Kommunikation zwischen natürlichen menschengebundenen Emotionen und jenen von einer KI hervorgebrachten nicht erkennen lassen.

Die Digitalisierung bewegt sich sozioökonomisch in einem kulturellen Kontext. Da Technikentwicklung immer auch in Kulturentwicklung eingebunden ist, verbirgt sich in der Digitalisierung gleichsam das Merkmal des Kulturellen. Das Digitale ist somit das gewandelte und angepasste Analoge, eingebettet in eine technisch-gesellschaftlich-kulturelle Entwicklung.

Die Digitalisierung profiliert sich über den Menschen zum *Kult*, weil er die Digitalisierung in einer Breite des Möglichen in der Gesellschaft kultiviert. Sie ist damit keineswegs und allein nur eine technische Transformation. Aus und mit ihr wächst im Zuge der gesellschaftlichen Entwicklung eine Kultur – eine Kultur des Digitalen bzw. der Digitalisierung. Hierfür steht der Begriff der Digitalität.

Digitalität ist das sozialisierte, in die *Lebenskultur* des Menschen eingebettete Digitale. Sie ist die kultivierte Digitalisierung – eine auf Techniktransformation begründete Lebensweise des Menschen. Digitalität versteht sich selbst darin, Kultur zu sein. Sie ist eine auf Digitalisierung (Digitales) begründete *Kulturart*. Die Digitalität entsteht, wenn die Digitalisierung sich über den sozioökonomischen Rahmen hinausbewegt, einen soziokulturellen Charakter annimmt und eine geistig-normative Kraft zeugt.

Die Digitalität *ist* eine Qualitätsstufe *menschlichen Lebens* mit gesellschaftlicher und kulturgebundener Transformation; sie ist eine *Kultur von gewandelter Drittnatur.*

Spirituelles und Digitales als menschliche Artefakte, Spiritualität und Digitalität als Kulturarten menschlichen Lebens treffen auf- und finden zueinander; sie lernen sich kennen. Zwischen ihnen entstehen Begegnungen gegenseitiger Einflussnahme und wechselseitiger Nutzung. Spirituelles inspiriert zu neuerlichem Digitalen und umgekehrt. Digitalität und Spiritualität wachsen; und die Lebenswelt des Menschen erweitert sich durch ihr Wechselspiel.

Es ist das menschliche Bewusstsein dafür zu schärfen, dass zwischen ihnen, mit und durch sie Transformationen stattfinden. In

Kombination entstehen neuerliche technische und spirituelle Kreationen[18], deren Bewertung gleichermaßen ambivalent bzw. ambiguen[19] erscheinen. Sie sind als normative Herausforderung anzusehen. Dabei ist von Wichtigkeit, Spirituelles und Spiritualität, Digitales und Digitalität nicht im Begriff, in der Bedeutung und in der Anwendung gleichzusetzen, sondern Spiritualität und Digialität als Kulturgüter anzuerkennen.

(10)

Mit der Emotionalen Künstlichen Intelligenz (EKI) erreicht die Verschmelzung von Mensch und Technik einen neuerlichen Höhepunkt in der Digitalisierung unserer Lebenswelt. Die Erklärung, was die EKI ist, schließt ein, was unter Denken und Intelligenz, Gefühl und Emotion, Künstlicher und Emotionaler Intelligenz zu verstehen ist. Es ist eine der Aufgaben weltanschaulicher Aufklärung, dem Menschen den Begriff der EKI nahezubringen sowie deren Wert und Gebrauch transparent zu machen. Egal wie dessen Beschreibung ausfällt, wird der Mensch über seine von ihm kreierte EKI mit

---

[18] Im Spirituellen wird vom Dritten Auge gesprochen, das anatomisch mit der Zirbeldrüse vergleichbar ist. Um das Dritte Auge zu öffnen bzw. die Zirbeldrüse zu aktivieren, werden Binaurale Beats genutzt. Binaurale Beats sind digital erzeugte Frequenzen. Es wird eine für Dritte nicht hörbare Wahrnehmung erzeugt, die empfunden wird, wenn beiden Ohren Schall mit leicht unterschiedlichen Frequenzen zugeführt wird. (Vgl. WIKIPEDIA)

[19] Eine Ambivalenz kennzeichnet einen Sachverhalt als doppelwertig, zwiespältig. So kann das Spirituelle gleichermaßen befreiend und zugleich einengend sein. Das gilt auch für das Digitale, das zur Lebenserweiterung beitragen kann und ebenso uns vom analogen Teil des Lebens wegführt. Mit der Ambiguität wird die Offenheit für Mehrdeutiges zum Ausdruck gebracht. Das Ambiguene versteht sich in der Deutung bzw. Interpretation des Sachverhaltes nicht im Entweder-oder, sondern im Sowohl-als auch. In der These 10 wird der Zusammenfluss des Gegensätzlichen von Digitalem und Spirituellem deutlich.

sich selbst und seiner Gefühlswelt konfrontiert. Die Welt der menschlichen Emotionen hat mit der EKI eine Parallelwelt der Gefühle erhalten. In der alltäglichen Praxis schwer sein wird, eine menschliche Emotion von einer KI-Emotion zu unterscheiden. Struktur, Erscheinungsbild und Kausalitäten werden zukünftig kaum ununterscheidbar sein. Die Frage von Moral und Verhalten steht damit in einem neuerlichen Licht, die nach einer menschlichen Antwort sucht.

Denken und Intelligenz des Menschen werden stets in Verbindung und nicht selten gleichgesetzt. Menschliche Intelligenz ist eine Eigenschaft, eine *Fähigkeit*, Denken zu produzieren. Beide sind Produkte der Evolution des Bewusstseins, die sich im Zuge menschlichen Handelns und der Sozialisation herausbildeten. Denken beschreibt den *Prozess* menschlicher geistig-rational-emotionaler Tätigkeit. Mit Intelligenz wird die Qualität des Denkens zum Ausdruck gebracht. Die Qualität der menschlichen Intelligenz wird gemessen an der Graduierung von Problemlösungen, an der Bildung von Einfachheiten bzw. Auflösung von Komplexitäten, Klassifikationen, Abstraktionen, kognitiven Erfassung komplexer Lebenswirklichkeiten, im Umgang mit Analyse und Synthese, Alternativbildung und damit nicht zuletzt gemessen an der Fähigkeit zum *dialektischen* Denken.

Gefühle und Emotionen sind in unserer Alltagssprache oft in gleicher Bedeutung gefasst und werden austauschbar gebraucht. Das macht z. T. Sinn, weil deren begriffliche Differenzierung und eindeutige Erklärung schwer auszumachen sind und eine begriffliche Vertiefung nicht die wünschenswerte Klarheit verschafft.[20]

---

[20] Im Buch von Richard Wollheim „Emotionen. Eine Philosophie der Gefühle",

Es bleibt die Frage: Kann die KI auch von emotionaler (gefühls-
mäßiger) Natur sein? Wird ein humanoider Roboter die Fähigkeit
besitzen können, Gefühle bzw. Emotionen auszudrücken? Es ist für
die Buchautorin Kenza A. S. Abbou irrelevant, ob Emotionen, die
Gefühle tragen, körperliche Reaktionen und menschliche Denkpro-
zesse einschließen, einen analogen (menschlich-körperlichen) oder
„nur" einen digitalen Ursprung haben. Was letztlich zählt ist, was
vom Menschen wahrgenommen wird. Das ist die emotionale Reak-
tion der KI. Stellt sie sich in der verbalen wie in der nonverbalen
Kommunikation menschlich plausibel dar und der Humanoide zeigt
sich in der zur Situation passenden Gefühlsregung, so bringe er z. B.
seinen Ärger zum Ausdruck und *sagt*, dass er *ärgerlich ist*. Was unterscheidet sein ausgesprochenes Ärgernis im Vergleich zwischen
dem zweier Menschen?

Sind das Erkennen und die adäquate Ausdrucksweise von Emotionen zwischen Mensch und Maschine gleichwertig und in der
Kommunikation weder verbal, paraverbal noch nonverbal unterscheidbar, was bedeutet das im Umgang des Menschen mit ihnen?
Entwickelt der Mensch Gefühle bzw. emotionale Verhaltensweisen
zu diesen Humanoiden? Werden sie vom Menschen wie Menschen
behandelt? Gleichwertige Decodierungen emotionaler Lagen, von

---

Verlag C. H. Beck München 2001, wird auf eine differenzierte Beschreibung
von Gefühlen und Emotionen verzichtet und beide als geistige Phänomene
charakterisiert. Stattdessen will Kenza Ait Si Abbou in ihrer Publikation
„Menschenversteher. Wie Emotionale Künstliche Intelligenz unseren Alltag
erobert", Droemer Verlag, München 2023, S. 51 ff., es genauer wissen, was ein
Gefühl von einer Emotion unterscheidet. Doch diese vergleichende
Begriffsbestimmung, insbesondere die ergänzenden Erläuterungen sind m. E.
schwer nachzuvollziehen, in der Darstellung nicht widerspruchsfrei und lassen
an Abgrenzung zu wünschen übrig. Ungeachtet dessen bleiben die sich daraus
erwachsenen philosophisch-ethischen Fragen über die Emotionale Künstliche
Intelligenz unberührt, die von der Autorin zurechtgestellt werden.

Gesichtsausdrücken, Sprechmustern, gesprochenen Worten – also auch das Verstehen der paraverbalen Kommunikation – lassen Mensch und Maschine auf neuerliche Weise zusammenwachsen.

Alles Bisherige an gedanklicher und filmischer Fantasie wird zur Wirklichkeit, wenn es dem Menschen gelingt, dass Humanoide auch Gefühle bzw. Emotionen ausdrücken können. Entwicklungen machen jetzt schon deutlich, dass es keine Utopie sein wird, derartige Roboter mit diesen Eigenschaften zum Leben zu erwecken.

Was wird dieses Geschehen mit uns machen, wenn die menschliche *Vermessung der Emotionalen Künstlichen Intelligenz* beginnt? Wenn die Emotionale Intelligenz eine Fähigkeit ist, die der Mensch *erlernen* kann, er die Kompetenz besitzt, Emotionen wahrzunehmen und darauf antwortend zu reagieren, warum sollten Maschinen sich nicht auch diese Fähigkeit aneignen können, wenn der Mensch ihm bei dieser Kompetenzaneignung behilflich ist? Ist das gewollt? Die Frage verstärkt sich, wenn es darum geht, ob „Maschinen Emotionen nicht nur reproduzieren können, sondern sie selbst bewusst wahrnehmen"[21]. Macht es die Welt besser oder den Menschen zufriedener, wenn ihm im Bett oder beim Frühstück ein mit Emotionen ausgestatteter Humanoid zur Seite steht, weil ein menschliches Pendant fehlt und auf diese Weise die emotionale Lücke substituiert wird?

(11)

Die Herausbildung einer digitalen Spiritualität und spirituellen Digitalität ist die heute größte, vom Menschen selbst initiierte und zu bewerkstelligende Herausforderung an seine Lebenswelt. Spiritualität und Digitalität greifen aufeinander zu, gebrauchen und ma-

---

[21] Vgl. Kenza Ait Si Abbou, a. a. O., S. 68

chen sich wechselseitig nützlich. Ihre Kulturen als Phänomene des gesellschaftlichen Lebens haben sich zueinander symbiotisch zu verhalten. Dieser Vorgang gegenseitiger Begegnungen und wechselseitiger Handreichungen birgt Chancen und Risiken, Stärken und Schwächen gleichermaßen. Er verlangt vom Menschen höchste Aufmerksamkeit bei fortschreitenden Entwicklungen im Spirituellen und Digitalen, bei sich verändernder Spiritualität und Digitalität.

Der Zusammenfluss von und das Agieren zwischen Spirituellem und Digitalem ist ein qualitativ neues Spiel im gesellschaftlich-technischen Leben des Menschen. Es ist das Spiel des aufeinander Zubewegens, Zusammentreffens und wechselseitigen Einwirkens von Spirituellem und Digitalem, nachdem jedes für sich historisch und unabhängig voneinander seine Geburt und Existenz hatte. Jedes für sich ging anfänglich eigene Wege. Die fortschreitende Digitalisierung verändert sich im Moment des Zugriffs des Digitalen auf die spirituelle Seite des menschlichen Lebens. Es öffnete sich der Raum für ein digital begründetes Spirituelles. Spirituelles und Digitales betreten seitdem gemeinsam die Bühne der menschlichen Lebenswirklichkeit. Sie bringen sich gegenseitig in Bewegung, fordern und beeinflussen sich wechselseitig, was nicht ohne Wirkung auf sie selbst und in der Beziehung zueinander bleibt.

Der Mensch erkannte die *Chance der nutzenbringenden Durchdringung von Spirituellem und Digitalem*. Er führt das Digitale dem Spirituellen zu und fragt sich, inwieweit das Spirituelle auf digitalem Wege zum Vorteil erweiterter bzw. vertiefender Spiritualität wird. Das Herstellen einer sinnstiftenden Verknüpfung beider Phänomene in der heutigen Lebenswirklichkeit steht auf der Tagesordnung. Sie bedarf einer weltanschaulich-philosophischen, ethisch-moralischen

Betrachtung.

Wird das Spirituelle in das Digitale geholt, verändert sich der Charakter des Digitalen, weil Spirituelles Digitales neuerlich belebt und verändert. Das Digitale nimmt die Qualität des *Spirituell-Digitalen* an. Das Digitale zeigt sich im kulturellen Kontext gebettet in der Eigenschaft einer ***spirituellen Digitalität***.[22]

Es ist zum einen der Mensch, der sein Spirituelles in das von ihm geschaffene Digitale einfließen lässt. Insofern wird das Spirituelle vom Digitalen vereinnahmt. Das Spirituelle zeigt sich im Aufgehen in das Digitale als das vom Spirituellen durchdrungene Digitale. In allem steckt die Absicht, dem Digitalen eine ideelle, geistige, intelligente Substanz einzugeben. Das Spirituelle wird durch dessen Vereinnahmung durch das Digitale zu dessen Eigenschaft.

Der Mensch hat das Digitale in den Status des Spirituellen gehoben, als er begann, *das Digitale als Mythos* wahrzunehmen und entsprechend behandelte. Sein hoher Anspruch, das Digitale in seiner Komplexität, bei fehlender Durchsichtigkeit und Nachvollziehbarkeit in allem alles Digitale und das Leben beherrschen und kontrollieren zu wollen, machte es zur Hype. Seine Flexibilität und Immaterialität ließen im Menschen sein Spirituelles wachsen. Er erfährt im Digitalen dessen mythisches Gesicht. Das Digitale offenbart seinen transzendenten Charakter. Der menschliche Wille an digitaler Machbarkeit und Beherrschbarkeit lässt das Digitale im Verborge-

---

[22] Die Begriffswahl „digitale Spiritualität" und „spirituelle Digitalität" ist u. U. missverständlich und irreführend, weil sie unterstellt, dass das Spirituelle digital und das Digitale spirituell sei. Das überschreitet ihre Intension. Vielmehr ist mit ihnen kenntlich zu machen, dass es sich im Sinne der Prädikatenlogik um Subjekt und Prädikat (Eigenschaft) handelt. Unsere Alltagssprache weiß von vielen Eigenschaften, die wir den Dingen des Lebens zuordnen. So ist ein Stein (Subjekt) leicht oder schwer, groß oder klein, aus Granit oder Sandstein (Attribute, Eigenschaften).

nen, Unsichtbaren verschwinden. Das Digitale wird für den Menschen in allem zu einer Zumutung.[23]

Das Spirituell-Digitale bewegt sich zum anderen in einem ethisch-normativen Kontext, wenn es darum geht, mit Hilfe des Spirituellen die menschlich übergreifende, machtfüllende Kraft des Digitalen in Grenzen halten zu wollen.

Die Durchdringung schlägt auch eine umgekehrte Richtung ein, die heute in vielfältiger Weise präsenter als die spirituelle Digitalität ist. Das Digitale wird ins Spirituelle – sei es als Verfahren oder Artefakte – geholt und integriert. Wir sprechen hier von einem *Digital-Spirituellen* bzw. von einer **digitalen Spiritualität,** soweit das verbundene Spirituelle und Digitale sich im kulturellen Geschehen bewegt. In dieser Verknüpfung erhält das Spirituelle seine neue Qualität. Es wird digital gestützt, gestaltet, geformt.

Digitale Spiritualität ist die Digitalisierung des Spirituellen – sie ist das digitalisierte Spirituelle. Analog geführte Spiritualität ist in das Digitale gewandelt. Die Formen der Umgestaltung sind dabei vielfältig.

Der Mensch als Individuum und soziales Wesen ist die Voraussetzung dafür, dass sich Spirituelles und Digitales begegnen können, weil sie beide das Individuelle und Gemeinschaftliche in sich tragen. Dieses Begegnen ist ein anfängliches formales, gegenständliches Aufeinandertreffen. Das ändert sich in dem Moment, wenn der Mensch die Möglichkeit erkennt, das Digitale zu spiritualisieren und das Spirituelle zu digitalisieren. Alle Räume für eine *spirituelle Digitalität* und umgekehrt für eine *digitale Spiritualität* haben sich geöffnet und füllen sich in der heutigen soziokulturellen Lebensweise mit den verschiedensten Artefakten.

---

[23] Vgl. Jan Distelmeyer, Krtik der Digitaslität, Springer VS, Wiebaden 2021, S. 1

Spirituelle Digitalität und *digitale Spiritualität* sind das Ergebnis von jeweils gewandeltem Digitalen und Spirituellen mit wechselseitigem Zugriff auf bzw. durch das andere. So wie das Digitale das Resultat eines Prozesses des Wandelns aus dem Analogen ist, den wir als Digitalisierung beschreiben, so unterlagen das Spirituell-Digitale und das Digital-Spirituelle in ihrem Werden ebenso einer Veränderung. Wir haben es zum einen mit der *Digitalisierung des Spirituellen* und zum anderen mit der *Spiritualisierung des Digitalen* zu tun. Beide Veränderungen zu verdeutlichen, sind für weitere Überlegungen nicht unerheblich. Mit den Verwandlungen sollen sowohl ein einzelner Akt als auch eine in der Gesellschaftsentwicklung tragende Wandlung zum Ausdruck gebracht werden.

Die Verwobenheit von Spiritualität und Digitalität lässt sie zueinander in einer Symbiose zweier Kulturen des gesellschaftlichen Lebens erscheinen. Symbiose heißt, dass sie als Qualitäten unserer Lebenswirklichkeit so zueinander in Wechselwirkung stehen, dass sie von gegenseitigem existenziellem Nutzen sind. Das Digitale erweitert den spirituellen Handlungsraum. Das Spirituelle wirkt als humanistisches Regular und Normativ auf die digitale Welt.

Die Existenz und das Wissen um beides sollten uns umsichtig machen. Die Möglichkeit der wechselseitigen Durchdringung von Spirituellem und Digitalem, die – eingebettet im Kontext soziokulturellen Geschehens und fortschreitender Digitalisierung – uns die digitale (digitalisierte) Spiritualität und spirituelle (spiritualisierte) Digitalität hervorbrachte, ist Chance und Risiko zugleich. Sie sind im Gebrauch bestimmt durch Bewusstseinserweiterung, aber auch in der Funktion, ein Regulativ bzw. Korrektiv im Sinne des Wesens des Menschen zu sein. Sie offenbaren zudem Momente von Gefahren einer vollständigen Vereinnahmung des Menschlichen durch eine übermächtige Transformation ins Digitale. Es obliegt vorerst der weiteren Entwicklung von Mensch und Technik, insbesondere der Künstlichen Intelligenz, inwieweit Mensch und KI zusammenfließen, ineinander so verschmelzen bis ein Unterschied zwischen ihnen (fast!) nicht mehr auszumachen ist.

Die Idee von der Existenz zweier entstandener und gleichsam gewollter, kaum auszumachender menschlich-menschlicher und menschlich-digitaler Lebenswelten ist nicht weit hergeholt und antizipierbar. Das bedeutet bei aller Freiheit von Mensch und Wissenschaft, die humanistische Verantwortung im Rahmen der Gesellschaft wahrzunehmen. Es ist zu fragen: Ist alles technisch Mögliche und menschlich Machbare zugleich auch ethisch-moralisch vertretbar? Wie ist hier das *Prinzip Verantwortung* einzuordnen?

(12)

Weltenwandel und dessen Wirkungskräfte sind qualitätsbestimmend für das menschliche Leben, das sich in Verbundenheit mit dem Spirituellen und Digitalen in einem Grenzgang befindet. Weltenwandel ist gewandelte Kultur. Kulturwandel bedeutet gewandelte Lebensqualität. Wandlungen und Qualitäten des Lebens sind Ausdruck von hoher, wirkungsvoller Komplexität. Alles menschliche Streben ist auf ein gutes Leben ausgerichtet. Doch es offenbaren sich mit ihm Lebenswirklichkeiten, die vom Menschen als Bedrohung wahrgenommen werden. Sie machen auf die zu bewältigenden Herausforderungen aufmerksam. Die Lebensqualität des Menschen bewegt sich innerhalb des Kulturwandels in einem Grenzgang zwischen Lebensbewahrung und Lebensbedrohung. Dieser Grenzgang zeigt sich in der Wahrnehmung des menschlichen Lebens ambivalent und ambiguen. Die Gefahr einer Ent- bzw. Verfremdung ist nicht zu *übersehen.*

Aller Welten- und Kulturwandel wirkt durchdringend im Alltag des menschlichen Lebens. Wir konstatieren, dass die *Lebensqualität des Menschen* im Umbruch ist. Die Frage nach dem Wert und Sinn menschlichen Lebens und dessen Wirklichkeit stellt sich angesichts der Digitalisierung neu.

Das gute Leben ist gebunden an das vom Menschen ausgehende menschliche *Er*leben und verknüpft sich immer mehr mit einer fortschreitenden Lebensdigitalisierung. Es zeigt sich als erfolgreich, gelingend, erfüllt, glücklich oder zufrieden. *Erfolgreich* steht für Erreichtes, Erzieltes im Leben. Es ist alles erreicht – mit positiven Folgen. Es ist gelungen. Als *gelingend* gilt das Leben in seinem erfolgversprechenden Werden, das im Leben seinen Erfolg findet. Gelingend steht für tüchtig, geeignet, nützlich. *Erfüllt* soll das gelebte Leben insofern sein, wenn damit erfahrene Lebensfülle – qualitativ wie quantitativ – zum Ausdruck gebracht wird. Alles ist gut, weil es genug – gelungen bzw. erfolgreich – ist, bestimmt als ein Leben mit Sinn und Glück, mit Gütern – seien es Dinge, Ideen und Erlebnisse. Ein Leben ist *glücklich*, weil das Gute in ihm liegt. Es fühlt sich positiv an. Das Leben kann als zutiefst zufrieden betrachtet werden. Es macht in besonderer Weise die menschliche Emotionalität als ein gefühltes *Er*leben deutlich.

Das Leben ist ein Leben mit Gütern. Es ist ein Leben des Schaffens und Besitzens von geistigen oder materiellen Dingen, die für das eigene Leben wichtig sind und es lebenswert machen. Es ist das Haben im Menschsein, was das Leben gut macht. Dieses Haben im Leben sind Güter gegenständlicher wie idealer Natur.

Das gute Leben ist ein Leben mit Güte. Dieses Gute in Gestalt der

Güte zielt auf die Qualität des geistigen Lebens, die das Leben lebenswert und wertvoll macht. Es ist das Gute des Lebens, sich des Lebens zu erfreuen, dankbar zu sein, das Leben als Leben zu *erleben* bzw. zu genießen. Das Leben mit Güte zeigt sich als ein Leben in Zufriedenheit, die das Einssein mit sich und der „Welt" innehat. Es ist ein Leben, das sich in Freundlichkeit zeigt, die menschliche Güte, Demut und Respekt in uns und für andere hervorbringt und eine Magie in uns erzeugt, die unser Leben im wahrsten Sinne des Wortes verzaubern lässt und uns das Sich-Wundern in unserem alltäglichen Leben ermöglicht.

Das Leben zeigt sich als ein Leben in Güte. Das von Mitmenschlichkeit bestimmte, an Verbundenheit und Offenheit geknüpfte Leben ist die Güte, die uns erlaubt, menschliche Zuwendung für andere und für sich selbst zu schenken, ein Leben in Achtsamkeit und Gelassenheit zu führen. Es ist ein Gut-Sein sowohl zu sich selbst als auch anderen gegenüber. Es ist die in uns wohnende Güte, die uns erlaubt, etwas Gutes zu tun. In und mit Güte offenbart sich das Spirituelle im Menschen.

Es ist zudem ein Leben im Guten – ein Leben im gegenseitigen Einvernehmen, mit Achtung und Würde im Umgang miteinander. Das Leben im Guten ist von Humanität bestimmt. Dieses Gute trägt auch das Unterschiedliche, das Gegensätzliche menschlichen Lebens in sich, was uns zur Verzweiflung bringt, Sorge und Verunsicherung beschert. Es sind die oft schwer auszuhaltenden Spannungen, in die das Leben gerät. Das Leben im Guten fordert uns dazu auf, im Guten mit uns zu sein und im Umgang mit weniger Verfügbarem und Begrenztem Güte walten zu lassen.

Alle vier Aspekte des guten Lebens – jeder einzelne in seiner *qualitativen* Bestimmtheit – ermöglichen uns eine wohlwollende individuell, kollektiv wie gesellschaftlich gestaltbare *Gute-Lebens-Kultur.*

Die Ausgestaltung jener Kultur gewinnt im Zeitalter zunehmender Künstlicher Intelligenz und fortschreitender Verknüpfung von Spirituellem und Digitalem an ethisch-moralischer Bedeutung. Sie ist die aktuelle Herausforderung, sich mit der spirituellen Digitalität und digitalen Spiritualität zu verbinden. Das ist umso wichtiger, wenn der Focus darauf gelegt wird, das Leben nicht nur mehr oder weniger, recht und schlecht zu leben, sondern es im Rahmen der Welten-Digitalisierung mit allem Guten und mit Güte zu füllen.

Spiritualität in der Eigenschaft und Voraussetzung menschlicher Lebensgüte zeigt sich in der Wirkung erzeugbarer Lebensorientierung, emotionaler Geborgenheit und Sicherheit, in der Förderung von Bewusstseinserweiterung und Lebenssinnstiftung. Sie macht die individuelle Lebensweise beherrschbar und lenkbar. Insofern ist das Leben im und mit Spirituellem zielführend und in seiner Unmittelbarkeit mittels des Transzendenten bewusst erfahrbar.

Die Digitalisierung der Lebenswelt erfährt eine Umbewertung. Diese besteht darin, dass im Prozess des Wandelns vom Analogen zum Digitalen die Gute-Lebens-Kultur, die *Idee von einer nachhaltigen Humanität* mitfließt.

Spiritualität trägt den Menschen – sei sie kulturell religiös oder areligiös bestimmt – durch dessen Leben. Sie ist für eine Vielzahl von Menschen *die* Begleiterin mit der Aussicht auf und in der Führung eines Lebens in und mit Güte.

Mit dem Digitalen vergrößert sich der Kreis jener um ein Vielfaches, die mit ihm einen Zuwachs an Lebensqualität gewinnen (möchten). Technikinnovationen haben immer zu Veränderungen in der alltäglichen Lebenswirklichkeit geführt, die dazu beitrugen, das menschliche Leben zu erleichtern oder zumindest dies zum Ziel hatten. Die Digitalisierung unserer Lebenswelt, die Schaffung vielfältigster digitaler Endgeräte und Verfahren hat zweifellos zu einem Wachstum an Lebensqualität geführt.

Das setzt folgenden Imperativ auf die Tagesordnung: Spirituelles einerseits und Digitales andererseits sind in die Lebenswelt und Kulturentwicklung des Menschen so einzubinden, dass sie die Qualität des Lebens befördern. Das ist ein vom Menschen tagtäglich zu gehender Weg. Dieser Weg ist zudem im Denken und Verhalten *grenzgängerisch*. Das bedeutet, die Räume an Möglichkeiten und Begrenzungen für ein Leben im spirituellen und digitalen Umfeld auszuloten sowie die Chancen und Risiken der Nutzung spiritueller und digitaler Artefakte zu erkennen. Das lässt sich nur bewerkstelligen, wenn der Mensch um deren Rahmenbedingungen und Grenzlinien weiß.

Im Grenzgang menschlicher Lebensqualität verbirgt sich Gegensätzliches, das sich zwischen dem Spirituellen und Digitalen bewegt. Er zeigt sich in den Antreibern, Triebkräften guten Lebens, die auf Grund ihres Charakters auf uns Menschen verstörend, befremdlich wirken.

Der Grenzgang menschlicher Lebensqualität ist die gewonnene Erfahrung, dass Spiritualität und Digitalisierung unserer Lebenswelt gleichermaßen zu unserem heutigen Alltag gehören und sich interaktiv begegnen. Ausgangspunkt für jenen Grenzgang ist das voranzustellende Verständnis über den jeweils innewohnenden gegensätzlichen Charakter des Spirituellen und Digitalen und deren Gegensätzlichkeit zueinander. Es geht darum, den Raum innerhalb und außerhalb bestehender Außengrenzen deutlich zu machen.

Wir befinden uns heute mehr denn je auf der Suche nach diesem

Grenzraum, weil das Wissen darüber uns erlaubt, unseren Lebensalltag besser einzuordnen. Es geht darum, die Ränder dieses Raumes auszumachen und herauszufinden, was es bedeuten würde, wenn Grenzüberschreitungen stattfinden.

Im Zuge des Aufdeckens von Rahmen und Grenzen, in denen sich das spirituelle und digitalisierte Leben bewegt, erfahren wir ihre *Ambivalenz*. Das heißt, wir erleben das Spirituelle, das Digitale und deren Beziehung zueinander als Phänomene, die zu beiden Seiten ein gleichzeitig erfahrbares Konfliktpotenzial beschreiben. Es ist das Sowohl auf der einen und das Als-auch auf der anderen Seite. In diesem Beziehungsrahmen ist eine Ambiguität geknüpft, die eine in unserem Denken und Verhalten bestehende Doppeldeutigkeit aufzeigt.

Wir haben es hier mit *zwei Betrachtungsebenen des Grenzganges* zu tun. Erstere ordnet sich in die objektive, tatsächlich existierende Lebenswirklichkeit ein. Die zweite Ebene ist der subjektiven Wahrnehmung der ersten zuzuordnen. Gegensätzliches steckt in beiden, weil Letzteres das reale, in der Lebenswirklichkeit begründete Abbild menschlichen Denkens ist.

Wenden wir uns der objektiven Seite des Grenzganges zu, so offenbart sie sich im Bereich des Spirituellen als treibende Kraft menschlicher Fantasie und kultureller Lebensgestaltung. Das Spirituelle ist Sinn- und Selbstfindungsquelle. Es trägt zur Bewusstseinserweiterung bei, unterstützt die kreative Erfassung menschlicher Lebensräume und begründet eine kulturell bestimmte Lebensweise, die von Respekt und Demut begleitet ist.

Im gleichen Atemzug ist das Spirituelle ein Abbild der Lebenswirklichkeit, die der gesellschaftlichen Entwicklung abträglich erscheint. Sie vermag den Fortschritt auszubremsen und verstörend oder gar zerstörerisch auf den Menschen zu wirken. Der als Grenzgang ausgestaltete Rahmen, in dem sich das Spirituelle bewegt, ist ein Auspendeln dieser beiden Linien zwischen Chance und Risiko, zwischen Gestaltungskraft auf der einen und Desorientierung auf der anderen Seite. Das Spirituelle ist in diesem Spannungsfeld eingebunden und wird immer wieder neu auf eine Zerreißprobe gestellt, auf die Grundfrage die Antwort zu finden, ob und inwiefern das Spirituelle von konstruktiver *und* destruktiver Natur wirkt und was das für die Lebenspraxis bedeutet. Der Mensch wird zwischen ihnen hin und her geworfen und ist letztlich angehalten, aufgrund des Doppelcharakters des Spirituellen *seine* Lebensweise zu finden.

Diese Betrachtung ist auch auf das Digitale übertragbar. Die Digitalisierung repräsentiert den Fortschritt technischer Entwicklung. Sie treibt auf neuerlichem Wege die Umgestaltung des gesellschaftlichen Lebens voran. Zugleich ist sie *potenziell* mit einer zerstörerischen Macht ausgestattet, die das menschliche Leben gefahrvoll werden lässt. Die Kraft des Fortschritts offenbart sich im Gegensatz. Er zeigt ihre Grenze auf, wenn die Digitalisierung die Humanität des Menschen in Frage stellt und deren Verletzung zur Entfremdung des Menschen und seiner Lebenswelt führt.

So wie Spirituelles und Digitales selbst von innerer Gegensätzlichkeit geprägt sind, so tragen beide diese in der Beziehung zueinander auch nach außen.

Der gewachsene Geist des Menschen treibt mit Hilfe verfügbarer Naturressourcen technische Entwicklungen voran. Sein unbändiger kreativer Charakter macht nicht Halt vor neuerlichen technischen Innovationen. Zugleich wirkt der Einfluss des Digitalen auf ein Mehr an Lebensqualität für den Menschen. Technik und Lebensqualität bewegen sich wie „Engelskreise", deren Seiten sich gegenseitig im Sinne des Guten aufschaukeln und damit wechselseitig befördern. Die Gegenwirkung bleibt aber dabei nicht aus. Wir haben es dann mit einem so genannten entgegenwirkenden „Teufelskreis" zu tun. Es ist kein förderliches, mit Fortschritt bedachtes Auf-, sondern ein mit Zerstörungspotenzial einhergehendes Abschaukeln. Jenes zerstörerische Kraftpotenzial zeigt sich, wenn mit fortschreitender Digitalisierung alles Spirituelle mittels Entwicklung Künstlicher Intelligenz neutralisiert oder gar einverleibt wird. Die Gefahr einer menschlichen Entfremdung wird mit jeder weiteren KI-Entwicklung offensichtlich, wenn der Blick auf die Humanität außen vor bleibt. Wir haben zur Kenntnis zu nehmen und werden lernen müssen damit umzugehen, dass so genannte Engels- und Teufelskreise gleichermaßen das Spiel des heutigen Lebens spielen.

Dieses Bild spiegelt sich in den Begriffen spiritueller Digitalität und digitaler Spiritualität wider. Es zeugt von dialektisch-gegensätzlicher Bestimmtheit mit innewohnenden Kräften des Aufbaus und der Zerstörung, die das jeweils andere mit sich tragen. Jede Konstruktion ist zugleich von destruktiver Wirkung. Jede Zerstörungsmacht ist mit der Kraft des Neuen ausgestattet.

Spiritualität und Digitalität, spirituelle Digitalität und digitale Spiritualität bringen den Menschen an die Grenzen seiner Lebenswirklichkeit. Sie sind bestimmt, von Mensch und Gesellschaft akzeptiert zu werden. Sie sind zugleich aufgrund ihrer Geschichte, ihres Wesens, gewachsener Verbundenheit und Komplexität für den Menschen eine Zumutung, ein Blendwerk und von erforderlicher Kritik. Spirituelles wie Digitales sind erfahrbar und entziehen sich zugleich der Beobachtbarkeit. Sie zeigen sich in der Einfachheit von Machbarem und entziehen sich menschlicher Beherrschbarkeit und Kontrollierbarkeit.

Spirituelles und Digitales bewegen sich zwischen Diesseits und Jenseits; sie versprühen auf den Menschen ihre Transzendenz.

Das Zusammengehen von Spirituellem und Digitalem ist zweifellos eine exponierte Herausforderung für die Lebenswirklichkeit und die begriffliche Fassung. Materielles und Mythisches fallen zusammen. Das Digitale als das Vernetzte umgibt ein schwer nachvollziehbarer und erfahrbarer Schleier. In dem allzu Bekannten versteckt sich das unsichtbare Unbekannte, was dem Menschen als befremdlich erscheint. Das Digitale wird im menschlichen Auge spirituell.

Der Mensch stößt mit dieser Erfahrung des Digitalen an die Grenze der eigenen Wahrnehmung. Das Digitale ist aus menschlicher Sicht ein Mythos. Die Folge sind menschliche Irritationen, die als solche bleiben, wenn sie nicht im Sinne der Aufklärung offengelegt werden.

Was sind die *Schlussfolgerungen*? Alle oben genannten inneren wie äußerlichen Gegensätzlichkeiten im Spirituellen und Digitalen sowie zwischen ihnen sind von essenzieller Natur. Das heißt, sie sind wesensbestimmt. Sie sorgen für die Balance und damit für den ausgewogenen Bestand an Struktur und Bewegung (Entwicklung). Sie realisieren geschichtliches Gleichgewicht, seitdem Spirituelles und Digitales einander begegneten. Die Gegensätzlichkeiten in und zwischen ihnen sind von Bedeutung, sobald sie als Kulturen im gesellschaftlichen Leben wirken und wahrgenommen werden wollen.

Diese gegensätzlichen Gegebenheiten bleiben nicht ohne Folgen für die Betrachtung und den praktischen Umgang mit ihnen. Es ist die Erkenntnis, dass Spirituelles, Digitales und ihre Beziehung zueinander von gesellschaftlicher Natur und Wirkung sind. Sie tragen das positiv Bestimmte und zugleich das gefahrenvolle, zerstörerische, negativ Bestimmte mit sich. Das erzeugt im Umgang mit ihnen innere Spannungen, führt zum menschlichen Grenzgang. Er stellt den Entwicklungsverlauf von Spirituellem und Digitalem, von menschlichem Geist und Künstlicher Intelligenz infrage.

Der Grenzgang hat auch eine subjektive, menschlich-wahrnehmbare Seite. Wir erfahren im gesellschaftlichen Gesamtbild das Spirituelle als ambivalent. Es wird zwiespältig, uneins wahrgenommen, was sich in der Folge als unklar im Denken und unentschlossen im Verhalten zeigt. Das äußert sich u. U. in menschlichem Unverständnis, wie ein und dasselbe sich derart widersprechen könne. Hin- und Hergerissenheit stellt sich ein. Doch das Neben- und Miteinander, der Grenzgang und deren Doppeldeutigkeit machen das Wesen von dem aus, was es wirklich ist.

Die Wirkung des Spirituellen und Digitalen ist per se ein Grenzgang, an dessen Rändern auf der einen Seite Kreativität und Innovation und auf der anderen Seite Irritation, Auflösung und Zerstörung stattfinden. Das ist der Rahmen, *in dem* wir uns bewegen.

Das Leben in unserer Zeit ist von Spiritualität *und* Digitalität gezeichnet und nur so lange gut, wie der Mensch das Spirituelle und Digitale als Güter mit Güte und im Guten in sein Leben aufnimmt.

Um Spirituelles und Digitales vor einer sie schädigenden Entfremdung zu bewahren, ist der Rückgriff auf die Dialektik von Resonanz und Entfremdung[24] ein sinnstiftender Weg, zwischen ihnen und ihren Kulturen (Spiritualität und Digitalität) eine wechselseitige, anerkennende Verbundenheit herzustellen.

---

[24] Hartmut Rosa, Resonanz. Eine Soziologie der Weltbeziehung, Suhrkamp Verlag Berlin 2016, S. 316 ff.

(13)

Spirituelles und Digitales verfügen über einen vom Menschen zu verantwortenden Bauplan des Bösen. Fanatismus, Populismus, Fremden(menschen)feindlichkeit und Co. haben mehr denn je im Zeitalter der Digitalisierung Hochkonjunktur. Sie sind Spiritualitäten im politischen Gewand nach animistischem Denkprinzip. Dieser „Feindseligkeit" kann nur ein Humanismus gegenübertreten. Die Antwort auf alles kann ein spiritueller und digitaler Humanismus sein, der dazu aufgefordert ist, sich als Regulativ und Korrektiv in der heutigen Lebenswelt zu zeigen. Dieses Zeugnis ließe sich in der Wirkung verstärken, wenn spiritueller und digitaler Humanismus sich zu einem resonanten Humanismus wandelt.

Spiritualität, Digitalisierung und der Umgang mit ihnen befördern auch den *Gedanken einer Spaltung des Menschen in zwei Lebenswelten.* Während die Spiritualität auf das Tradierte des menschlichen Lebens zugreift, unterstützt die politische Instrumentalisierung des Digitalen autokratische, autoritäre, diktatorische Regime bzw. Gesellschaften, was sich auch in der Unternehmenswelt widerspiegelt. (vgl.: China, Russland, Türkei, Big Data, Google und Co.)

Der Zusammenfluss von und die Wechselwirkung zwischen Spirituellem und Digitalem lassen spirituelle Digitalität und digitale Spiritualität entstehen. Sie führen zu neuerlichen Netzwerken und noch mehr Komplexitäten. Wachsende „Netz-Komplexitäten" machen die Lebenswelt des Menschen unsichtbarer, noch weniger erfahrbar, verstehbar, überschaubar. Unsicherheit und Unverständnis tun sich breit.

Menschliche Verunsicherung durch das Verlieren der Kontrolle über sich und das Lebensumfeld befördern Feindbilder, Schuldzuweisungen, akausale Erklärungen. Es entstehen Narrative, Zusammenhangsdarstellungen fernab der objektiven Realität (Tatsachen), die jedoch als „Wahrheiten" erklärt werden.

Der Drang des Menschen nach Denkvereinfachung im Zeitalter des Digitalen wächst. Erklärungen der Lebenswirklichkeit sind im animistischen Denken begründet. Es liegt eine Gefahr des „Bösen" im Raum. Sie wird befeuert, wenn undialektisches Denken produziert wird, Meinungen und Haltungen als „absolute Wahrheiten" deklariert und „Übermächte" antizipiert werden. (Der Begriff der *Digitalizität* drückt den Mythos, den Hype des Digitalen aus.) Ein derartiges Denken und Handeln wird der tatsächlichen Lebenswelt nicht gerecht.

Fehlende Sachlichkeit bei der Erkenntnis komplexer Wirklichkeiten befördert Fehlwahrnehmungen und unangemessene Emotionen. Lebensbildverzerrungen heizen das „Böse" im Gesellschaftlichen an. Eine Form dieses „Bösen" ist der Fanatismus. Hat dieser sich verfestigt, ist er schwer oder gar nicht mehr zu bändigen. Aufklärung und Dialektik als Denkmethode tun not.

Das Instrumentalisieren von Spirituellem wie Digitalem ist Zeugnis und Form des von Hannah Arendt erklärten „banalen Böse". Es befeuert die Inhumanisierung der Gesellschaft. Das vom Menschen selbst geschaffenen "Böse" offenbart sich im Politischen u. a. im Populismus, Fanatismus, Antisemitismus oder Rassismus. Es sind Denkweisen und menschliche Verhaltensweisen, die einhergehen mit fehlender Selbstverantwortung und nach außen hin gerichteten Schuldzuweisungen.

Im psychologischen Kontext sind sie Ausdruck von Unmündigkeit und unzureichendem (fehlendem!) Erwachsensein. – Dieses „Böse" löst sich nur auf, wenn der Mensch sich seiner Unaufgeklärtheit und Unmündigkeit bewusst ist, Verantwortung dafür übernimmt und Willens ist, es zu verändern.

Die Gemengelage von moderner Spiritualität und Digitalisierung, einschließlich anderer schwer in der Erkenntnis des Menschen zugänglicher gesellschaftlicher Ereignisse (z. B. Kriege, politische Entscheidungen, Börsengeschehnisse), begünstigen die Instrumentalisierung von Spirituellem und Digitalem. Eine emotionale Form der kognitiven und emotionalen Instrumentalisierung des Menschen ist das Schüren von Angst. Deutschland offenbart sich als „Angst-Gesellschaft". Bei jedem vierter Deutschen ist Angst ein signifikanter Begleiter. Die Instrumentalisierung von Angst macht psychischen Terror, Autoritäten, Diktaturen stark und paralysiert Menschen. Der Aberglaube leistet sein Übriges. Aufklärung ist vonnöten.

Die Folge von allem ist eine *Instrumentalisierung der Kommunikation, das Initiieren* von Fake News und Lügen als Mittel der Kontrolle und Beherrschung von Mensch und Gesellschaft, was im Gegenzug nicht selten zu unkontrolliertem Glauben und fehlendem Zweifel in der Aussagekraft führt. – Zustimmungen werden erzwungen, Loyalitäten eingefordert, Vergötterung von Führungspersönlichkeit bzw. deren Überhöhungen (Personenkult) werden legitimiert. Andersdenkende, Zweifelnde, Nachfragende werden als „Gegner" stigmatisiert. („Wer nicht dafür ist, ist dagegen!".) Indoktrinationen gehören zur Tagesordnung. Feinbilder bzw. „Sündenböcke" werden erkoren. Sie nähren den Boden des Spirituellen auf zerstörerische Weise. Islamismus, Antisemitismus, Rassismus und Co. sind die Klammer *politisch-destruktiver Spiritualität*.

Sie haben mehr denn je im Zeitalter der Digitalisierung Hochkonjunktur. Dieser feindseligen Spiritualität im politischen Gewand und nach animistischem Denkprinzip, kann nur ein Humanismus gegenübertreten. Die Antwort darauf kann der *spirituelle und digitale Humanismus* sein, der dazu aufgefordert ist, sich als Regulativ und Korrektiv in der heutigen Lebenswelt zu zeigen. Dieses Zeugnis ließe sich in der Wirkung verstärken, wenn der spirituelle und digitale Humanismus sich zu einem *resonanten Humanismus* wandelt.

(14)

*Resonanz und Humanismus brauchen einander und sind deshalb in unserem Denken und Handeln zusammenzuführen. Nur ein **resonanter Humanismus** wird dem Menschen als weltanschaulicher Begleiter, als Navigator aus dessen Lebenskrisen führen und seine Wirkung als Regulativ und Korrektiv geltend machen. Er vereinigt den spirituellen und digitalen Humanismus, der durch Werte und nicht interessengeleitet bestimmt ist. Der Wert des In-Beziehung-sein zwischen Digitalem (Digitalität) und Spirituellem (Spiritualität) besteht in dem vorhandenen Potenzial, dass sie miteinander in Resonanz gehen können. Ein resonanter Humanismus bildet das Dach, unter dem der digitale und spirituelle Humanismus agieren und sich in Resonanz verbinden. Er zeigt sich von nachhaltiger Rekursivität und beeinflusst rückwirkend den spirituellen und digitalen Humanismus in ihren Wirkungskräften, das Menschliche zu bewahren und das Spirituelle und Digitale miteinander versöhnlich zu gestalten. Ein derartiges Zusammengehen trägt die Chance für eine nachhaltige Zukunft des Menschen.*

Der **Humanismus** verfügt über eine lange, über Jahrhunderte währende Geschichte und unterliegt einem steten Wandel. Er ist in seinem Wesen von menschenfreundlicher, dem Menschen zugewandter Aussagekraft. Es ist das Denken und Handeln des Menschen im vollen Bewusstsein, dessen Würde anzuerkennen und sich mit Bewusstheit zu begegnen. Der Humanismus ist eine zutiefst menschliche, von Nachhaltigkeit bestimmte Geisteshaltung – mit dem Imperativ, sich des Menschen mit Würde in allen Bereichen des Lebens anzunehmen. Sie wird getragen von Selbstbestimmtheit und Solidarität, Gleichheit und sozialer Gerechtigkeit. Die Würde des Menschen schließt die Achtung der Natur mit ein. Sie ist der Nährboden für ein gesundes Menschsein.

Das Bündnis von Spirituellem, Digitalem und Humanem, von spiritueller Digitalität, digitaler Spiritualität und gefasster Humanität gewinnt an menschlicher Wirksamkeit, wenn im Konzept des spirituellen und digitalen Humanismus die Idee von der Resonanz und deren Wirkungskraft entfaltet wird.

Die Konzipierung eines gleichsam und miteinander zu verbindenden spirituellen und digitalen Humanismus verfolgt das ethisch-moralische Anliegen, jeglicher Gefahr entgegenzuwirken, die dem Menschen in seinem Sein und Wesen schaden könnte. Ihre ethischen, sich gegenseitig beeinflussenden Kernwerte sind *Freiheit und Verantwortung, Dialog und Vertrauen*. Sie sind es, die menschliches Lernen und humanistische Entwicklung stützen und vorantreiben.

Spiritueller und digitaler Humanismus zeigen sich als zwei *Spielformen* eines humanistischen Weltbildes. Sie stehen beide auf gleichem Bedeutungsniveau mit zwei spezifisch unterschiedlichen Charakteren. Es sind Humanismus-Erklärungen mit jeweils zwei unterschiedlichen Intensionen, funktionellen und sinnstiftenden Ausrichtungen.

Den *digitalen Humanismus* zu einer Ethik für das Zeitalter der Künstlichen Intelligenz zu entwickeln, ist ein wichtiger Schritt zur Führung eines umfänglichen Diskurses über eine Kultur und Philosophie der Digitalität. Er steht in der Pflicht, humanistisches Gedankengut in deren Betrachtungen einzuschließen und im praktischen Umgang mit dem Digitalen zur Wirkung zu bringen. Der Anfang ist gemacht, wenn wir die Digitalisierung mit Blick auf die Werte des Humanismus verfolgen.

Mit Hinweis auf den Humanismus verkörpert der *spirituelle Humanismus* ein menschliches Denk- und Handlungsbild, in dem sich Spiritualität *und* Humanität verknüpfen. Er repräsentiert ein visionäres und zugleich ein auf das praktische Leben bezogenes Menschenbild. Es erkennt das im Menschen innewohnende Spirituelle an und bindet es in dessen Denken und Handeln ein. Es ist eine Geisteshaltung (Weltanschauung), die die Werte des Humanismus mit dem Menschlich-Spirituellen in Beziehung bringt und darauf zielt, sie im Sinne eines spirituellen Humanismus für das praktische Leben alltagstauglich zu machen.

Der *spirituelle Humanismus* steht für ein Grundprinzip würdevollen Lebens im Geiste des Menschen. Insofern ist er in den Kanon der Ethik menschlichen Lebens einzubinden. Ein Werteverlust würde ein Verlust des Menschseins und der Humanität bedeuten. Der Mensch steht in der Verantwortung, alles dafür zu tun, dass diese o. g. Werte nicht verloren gehen, sondern gelebt werden.

Es ist die humanistische und praktisch zu bewältigende Aufgabe spirituellen *und* digitalen Humanismus in eine resonante Beziehung zu bringen.

Unter **Resonanz** wird ein Schwingen zweier Objekte (Gegebenheiten, Situationen, Menschen) verstanden, die sich aufeinander einstimmen, sich gegenseitig inspirieren, einen Gleichklang durch Übereinstimmendes erzeugen, zugleich autark bleiben, mit eigener Stimme sprechen und ihre Qualitäten bewahren. Es wird durch eine tönende Quelle ein Widerton erzeugt, der die Umgebung in eine Schwingung versetzt, die eine atmosphärische Stimmung hervorbringt. Im Ergebnis entsteht zwischen ihnen ein so genannter *spannungsgeladener* Gleichklang.

Vor diesem Hintergrund baut sich die *Idee des resonanten Humanismus* auf. Aus Analogem entwickelt sich Digitales – anfänglich zwei eigene, geschichtlich voneinander getrennte Welten. Analoges und Digitales zeigen sich in ihrer Präsenz und wachsen zunehmend zusammen, obwohl beide jeweils ihre Sprache mit eigener Stimme sprechen.

Der Wert einer Resonanz zwischen Spirituellem und Digitalem ist unverkennbar. Deren Grundverfügbarkeit führt uns zur Überlegung, Idee und Konzept eines digitalen und spirituellen Humanismus in das Resonanzverständnis einzubinden. Das bedeutet, den spirituellen und digitalen Humanismus in eine Resonanzbeziehung zu bringen. Der Humanismus legt sich atmosphärisch über das Spirituelle und Digitale. Er ist das Medium, in dem sie sich bewegen. Es ist von nun an eine grundlegende Einstellung, das Spirituelle und die Spiritualität, das Digitale und die Digitalität in einen humanistischen Kontext zu stellen und ihnen den Wert der Humanität zuteilwerden zu lassen.

Resonanter Humanismus heißt, auf der Grundlage humanistischer Prinzipien Spirituelles und Digitales unter dem Dach des Humanen in eine wechselseitige Schwingung zu bringen. Zugleich ist dieser Humanismus in einer *Entfremdungsbeziehung*, ein Zeugnis von Verstummtheit und Repulsivität. Er ist nicht rein, klar, eindeutig; er ist unbestimmt, flüssig in den Übergängen, grenzwertig und vermag Grenzen zu überschreiten.

Die Transformationen zwischen dem Spirituellen und Digitalen als Quellen von Neuem sind oft nicht eindeutig auszumachen; und das vor allem dann nicht, wenn es darum geht, die Humanität in das Wechselspiel zwischen Spirituellem und Digitalem zu einzubinden.

Resonanter Humanismus braucht schöpferische Resonanz, die das Phänomen des Fremdseins nicht außen vor lässt. Der Humanismus unserer Zeit verkörpert ein Menschenbild, das Resonanz und Entfremdung gleichermaßen in sich einschließt. Das bedeutet, dass jener Humanismus von Gegensätzlichkeit getragen wird. Es sind vermeintliche Unstimmigkeiten, Disharmonien, wenn wir uns die Frage stellen, was das Spirituelle mit dem Digitalen und umgekehrt zu tun hat. Sie sind in unserer heutigen Lebenswelt existent und greifen aufeinander zu.

Das Befremdliche am resonanten Humanismus ist, dass das Fremde in ihm mit eingeschlossen ist. Das Spirituelle steht dem Digitalen fremd gegenüber und umgekehrt. Erst in der Wahrnehmung beider so unterschiedlicher Welten durch den Menschen erwächst die Chance eines gegenseitigen Anhörens mit ihren Stimmen. Es liegt in der Verantwortung des Menschen, beide Welten gleichberechtigt und in der wechselseitigen Wirkung nachhaltig zu gestalten, nachdem sie beide das Licht der modernen Lebenswelt erblickten.

Insofern ist der *resonante Humanismus* eine Geisteshaltung über das heutige Menschsein, in dem Spirituelles *und* Digitales ihre Berechtigung haben. Er trägt die vom Menschen kulturgeschichtlich hervorgebrachte Spiritualität und Digitalität im Kleid humanistischer Werte und Prinzipien. Sie entfalten ihre volle Wirkung, wenn sie zueinander in Resonanz sind. Die Verknüpfung von Humanität, Spiritualität und Digitalität, verbunden mit einer schöpferischen Resonanz, die von sich aus das Fremde einschließt – das Spirituelle im Digitalen und das Digitale im Spirituellem –, ist der gewollte Ausdruck und das Ergebnis stetigen Ringens um ein humanistisches Wohlfühlen im Zeitalter der Digitalisierung unserer Lebenswirklichkeit.

Unser Menschsein wird sich zukünftig daran messen lassen müssen, wie viel Humanität und Spiritualität unsere digitalisierte Lebenswelt zulässt und inwieweit sich diese Lebensqualitäten in der digitalisierten Welt mit Wirkung entfalten können.

Es schließt sich der Kreis zwischen dem weltbestimmten Kulturwandel und menschlichen Leben. Sie sind von Umbrüchen gezeichnet. Weltenwandel markiert vom Menschen erfahrene regionale Wendezeiten und kontinentale oder gar globale Zeitenwenden. In ihnen verbirgt sich mit jedem weiteren Wandel die Aufforderung zur Wahrung der menschlichen Würde. Sie ist zu keiner Zeit und zu keinen Bedingungen verhandelbar. Der Wille zur Humanität ist dem Menschen eigen und zugleich in ihrer praktischen Umsetzung äußerst fragil. Es ist die menschliche Mission, die Kräfte gesellschaftlicher, technischer und geistig-emotionaler Wandlungen mit Kräften eines spirituellen und digitalen Humanismus zu verknüpfen.

Der *resonante Humanismus* ist Grundwert und Normativ für ein gelingendes Leben. Er steht für die Neuordnung des gesellschaftlichen Lebens, in dem die Resonanzfähigkeit des Menschen sich zum obersten Gebot menschlichen Denkens und Handelns aufstellt.

(15)

Alles liegt in der Verantwortung des Menschen, nachhaltige, humanistische Zukunftsmodelle zu entwickeln und sich bei deren Gestaltung für eine resonante Streitkultur zu öffnen. Konzepte und Lebensstrategien, die Mensch und Gesellschaft, Natur und Technik gleichermaßen einbinden, sind angesichts derzeitiger Weltenwand-

lungen mehr als dringlich. Eine grundlegende gesellschaftliche Transformation, in der Mensch und Natur Priorität haben und Technikentwicklungen sich in ihr ein- und nicht überordnen, steht auf der Agenda menschlichen Denkens und Handelns. Der Mensch läuft bei ungezügelter, vordergründig profitorientierter Digitalisierung und Künstlicher Intelligenz Gefahr, in einen technisch-technokratischen Totalitarismus zu geraten, was bedeutet, Geist und menschliches Können dem Digitalen zu überlassen und ausgeliefert zu sein. Macht der Mensch sich die Digitalisierung uneingeschränkt zunutze, so lange er sich den humanistischen Werten nicht verpflichtet sieht, droht eine von ihm initiierte Verkümmerung seines Menschseins. Die menschliche Gesellschaft braucht nachhaltige, von resonanter Humanität bestimmte Zukunftsbeschreibungen und -entwicklungen, damit eine abgründige Lebenswirklichkeitsspirale nicht entsteht.

Es sind nicht nur die technischen Innovationen, die die Gesellschaftsentwicklung vorantreiben. Es sind auch die sozioökonomischen und politisch-ideologischen Bedingungen, die den gesellschaftlichen Fortschritt beeinflussen und den Charakter der Gesellschaft bestimmen. In der Komplexität dieses gesellschaftlichen Bedingungsgefüges liegt das Schicksal der menschlichen Zukunft. Sie ist beileibe nicht wie ein Laplace'scher Dämon vorbestimmt, sondern sie zeigt sich in der Entwicklung nach vorne offen, alternativ. Das ist die Chance der menschlichen Gesellschaft, sich dessen bewusst zu sein und in Verantwortung primär für Mensch und Natur zu handeln, in der die Technikentwicklung als Mittel zum Zweck und nicht zum Zweck selbst zu wirken hat. Damit ist der Mensch aufgefordert, Natur-, Technik- und Gesellschaftsentwicklung *gemein-*

schaftlich in einen ethisch-moralischen Kontext zu stellen.

In allen Epochen der Technik- und Gesellschaftsentwicklung ließ sich der Mensch mit seinen technischen Innovationen auf Grenzgänge ein, die ihn in existenzielle Gefahren brachten. Mit jedem weiteren Fortschritt, von Technikepoche zu Technikepoche wuchsen sie. Mit der Monopolkapitalisierung der Gesellschaft, mit dem Anwachsen konzentrierter Machtinteressen, der Globalisierung der Gesellschaft und letztlich mit der Implementierung der Digitalisierung in alle Lebensbereiche steht der Mensch vor einer geschichtlich nie zuvor dagewesenen Komplexität des Weltgeschehens, die die Gefahren für die Existenz der Menschheit so verdeutlichen wie die gegenwärtigen. Es sind z. B. vom Menschen selbst geschaffene Bedrohungen wie menschenvernichtende Waffen und der Klimawandel. Es ist die Kraft des Menschen, die die Welt nicht nachhaltig pflegt, sondern wider seines Wissens zerstört. Man könnte meinen, dass der Mensch nicht in der Lage ist, aus aller bisherigen Geschichte zu lernen und dass er von Generation zu Generation immer wieder die gleichen Fehler macht. Ist das seine Natur, sich letztlich seiner Selbstvernichtung zuzuführen?

Der Mensch ist sich seiner Geschichte bewusst, die sich zwischen dem Guten, Aufbauenden einerseits und dem Bösen, Zerstörerischen andererseits bewegt. Er weiß um dieses Dilemma, aus dem er sich naturgemäß nicht befreien wird. Dennoch nimmt er den Kampf mit sich auf, fordert sich heraus, das geschichtliche Dilemma zwischen menschlicher Konstruktion und Destruktion zugunsten einer humanitären Entwicklung beherrschbar zu machen und mögliche Schäden an der Menschheitsentwicklung weitestgehend zu minimieren oder gar zu verhindern. Die gegenwärtigen Anstrengungen der menschlichen Zivilgesellschaft sind bemerkenswert anzuerkennen.

Eine weiterführende, von Hoffnung, Nachhaltigkeit und Humanität getragene Geschichtsschreibung steht auf der Agenda menschlicher Fortschrittsentwicklung. Ein interdisziplinärer Diskurs, der gesellschaftliche Zukunftsmodelle beschreibt, gehört auf die Tagesordnung.[25] Die nachfolgend in Kurzfassung beschriebenen **vier Szenarien** sind ein Beitrag, alternativ fortlaufende Geschichte von Mensch und Gesellschaft, Natur und Technik kenntlich zu machen und den Diskurs zu befeuern:

Szenarium 1: Technikentwicklung unter den heutigen Bedingungen. Der Mix an vom Menschen erzeugten Triebkräften, zu denen der ungebremste Drang einer von Moral entledigten technischen Neugierbefriedigung, Profitmaximierung, Sicherung von Absatzmärkten gehören, treibt den Menschen in eine Katastrophe ungezügelter Markt- und allgemeiner Gesellschaftskapitalisierung. Als Produzent (Verursacher) und Gestalter dieser Lebenswelt macht der Mensch sich zu seinem eigenen „Totengräber".

Je eher der Mensch sich seiner derzeitigen destruktiv ausgelegten Rolle bewusst wird und im Sinne einer nachhaltigen Entwicklung für Mensch und Natur handelt, wachsen die Chancen für eine *humanistische Entwicklung*. Der menschliche Umgang mit dem Klimawandel und die mit der Globalisierung der Wirtschaft verbundene Digitalisierung, die sich anschickt, in die Künstliche Intelligenz mit zunehmend starker Qualität[26] zu transformieren, werden dabei eine

---

[25] Vgl. Das Ende der Illusion, in philosophieMagazin, Heft 3, 2022; Welche Vision kann uns retten?, in philosophieMagazin, Heft 3, 2023

[26] In der KI-Entwicklung wird zwischen einer schwachen und starken Künstlichen Intelligenz unterschieden. Der Unterschied besteht darin, dass die *schwache* KI auf die Lösung konkreter Anwenderprobleme zurückgreift, während eine *starke* KI darauf ausgerichtet ist, eine allgemeine, dem Menschen nachgebildete Intelligenz zu schaffen und zur Anwendung zu bringen. Wir haben es mit einer

Schlüsselposition einnehmen.

Es geht nicht darum, die KI-Entwicklung zu verteufeln oder ihr abzuschwören. Es liegt in der Verantwortung des Menschen, vorausschauend zu erkennen, wann Technikanwendungen für den Menschen nicht mehr beherrschbar werden und dessen Entwicklung oder gar Fortbestand bedrohen.

Es ist Zeit, dass der Mensch lernt, dass nicht alles technisch Denk- und Machbare auch ethisch-moralisch vertretbar ist. Die Zukunft an Technikentwicklung wird sich mehr denn je an deren humanitärer Wirkungskraft messen lassen müssen. Es ist ein resonanter Humanismus gefordert, der Spiritualität und Digitalität als Kulturkräfte nachhaltig zu vereinen weiß.

Szenarium 2: *Technikentwicklung aus menschlicher Neugierde und Lust an Applikationen.* Selbst wenn die sozioökonomischen Erfolgsfaktoren der Technikentwicklung, privatkapitalistisches Profitstreben durch eine grundlegende Veränderung bzw. durch eine Neuordnung der Gesellschaft neutralisiert werden, ist ein gesellschaftliches Negativszenario keineswegs gebannt. Es scheint in der Natur des Menschen zu liegen, trotz gesellschaftlich gesetzter ethisch-moralischer Rahmenbedingungen, Leitlinien und Werte grenzwertig zu überschreiten und Schlupflöcher auszumachen, um sie zu umgehen. Es ist nicht die Macht oder Gier nach Profit, die wie eine Droge wirkt, sondern wir haben es hier mit der ungebändigten Natur des Menschen zu tun, sich seine Lebenswelt untertan zu machen und über allem stehen zu wollen. Es ist das zielstrebige Wissen-und-Machen-Wollen. Es ist die menschliche Lust und Neugier, sich selbst und die Natur zu entdecken, ein Antrieb des Menschen, dem

---

lernenden, sich selbst entwickelnden KI zu tun, die die Fähigkeit besitzt, über sich selbst und gezielt über die menschliche Intelligenz hinauszuwachsen.

er nicht widersteht, weil er im Menschen wesensbestimmt ist. Es liegt in der Natur des Menschen, in bzw. von allem zu lernen und dabei bisherige Grenzen seines Handelns zu überschreiten, weil nur so Fortschritt garantiert ist.

Es besteht die Möglichkeit, diesem Szenarium einen Rahmen zu geben, indem institutionelle, finanzielle und rechtliche No-Go-Linien geschaffen werden. Sie sind vor allem dann erforderlich, wenn Forschung und Entwicklung in privatwirtschaftlicher Hand stattfinden. Es ist zwingend notwendig, jenen Menschen Einhalt zu gebieten, die im Streben nach Anerkennung, einem ausgeprägten Geltungsbedürfnis oder persönlichem Machtstreben folgen und ethisch-moralische Grenzen überschreiten. Wenn der Technikforschung und -entwicklung der Nährboden negativer Einflussfaktoren entzogen wird, sind die Chancen für eine nachhaltige, humanistisch determinierte Technikentwicklung günstiger als im Szenarium 1 beschrieben, jedoch die Grundgefahren nicht gebannt.

Szenarium 3: *Technikentwicklung im gesellschaftlichen Transfer, frei von jeglichem Macht- und privatkapitalistischen Profitstreben.* Forschung und Entwicklung in der öffentlichen Hand schließen weitestgehend ein Profitstreben aus. Sie unterliegen der gesellschaftlichen Kontrolle. Die Einhaltung der ethisch-moralischen Rahmenbedingungen ist unter dieser Voraussetzung wesentlich leichter. Wird der Staat zum öffentlichen Wirtschaftsträger, ist er selbst am Transfer der Technikentwicklung und deren Anwendung interessiert und beteiligt. Forschung und Entwicklung stehen vordergründig im gesellschaftlichen und politischen Kontext.

Der Staat wird das Vorantreiben des wissenschaftlichen Fortschritts nicht beschränken, solange er für sich darin einen Nutzen (Steuereinnahmen usw.) sieht. Profitinteressen sind zwar weitestgehend ausgeschlossen, doch der unbändige Wille nach Neuem, die mögliche internationale Reputation schließt die Gefahr einer ethischen Grenzüberschreitung nicht vollständig aus. Die Suche nach Schlupflöchern, wie in Szenarium 2 beschrieben, ist nicht auszuschließen, vor allem dann nicht, wenn es um die Sicherung einer guten internationalen Marktplatzierung geht.

Deutschland kann sich selbst nicht vom und auf dem Weltmarkt ausschließen. Die Privatwirtschaft wird versuchen, den Staat zu bedrängen, um wirtschaftspolitischen Einfluss zu gewinnen. Nicht die auf Digitalisierung beruhende Weltwirtschaft wird der nationalen Wirtschaft Zwänge auferlegen, sondern es ist der Wille der deutschen Wirtschaft und Politik, nicht außerhalb des Aktionsfeldes zu stehen, sondern nach Möglichkeit selbst ein wichtiger Weltplayer auf diesem Platz zu sein. Es werden wieder sozioökonomische Interessen bedient, die dem gesamtgesellschaftlichen Anliegen entgegenlaufen. Damit das nicht geschieht, wird ein internationales, weltumspannendes, von resonanter Humanität bestimmtes Regularium erforderlich, das institutionell etabliert von respektabler Weltmacht ist.

Szenarium 4: Technikentwicklung im Maß auferlegter menschlicher und technikwissenschaftlicher Selbstbegrenzung. Es gibt genügend Beispiele in der Forschung und Entwicklung, insbesondere in der Humangenetik, die Eingriffe in das menschliche Genom verbieten. Was sie betrifft, reagieren wir ethisch und moralisch sehr sensibel. Kein Technikentwickler kommt auf den Gedanken, in der Roboter- und insbesondere in der starken KI-Entwicklung eine Grenze zu überschreiten, die den Boden des digitalen Humanismus verlässt, weil er weiß, dass jede Grenzüberschreitung Mensch, Natur und Technik gleichermaßen in Gefahr bringt und die gesellschaftliche

Entwicklung infrage gestellt.

Wird dieser Rahmen als menschliches Gewissen respektiert, besteht das Vertrauen, dass Technik- und insbesondere KI-Entwicklung keine Gefahr für den Menschen darstellt und von der bestehenden Roboterwelt keine Bedrohung ausgeht. Aus heutiger Sicht ist schwer zu vermitteln, aus welchen Gründen Mensch und Künstliche Intelligenz nicht zusammengeführt werden sollten. Dennoch schwingt menschliche Sorge mit. Sollte der Mensch es schaffen, seiner vom ihm geschaffenen Künstliche Intelligenz eine künstliche Emotionalität einzuhauchen und eine Emotionale Künstliche Intelligenz (EKI)[27] zu kreieren, die den humanistischer Werten und dem menschlichen Gewissen folgen, stehen die Chancen gut für ein förderliches Miteinander von menschlicher und EKI.

Allein der antizipatorische Gedanke, dass mit einer neuen Generation starker KI ausgestatteten Androiden (humanoide Roboter) das Niveau der Selbstorganisation und autonomen Reproduktion erreicht wird, steht eine ethisch-moralische Sensibilisierung und die Frage nach der Grenzziehung in der KI-Entwicklung auf dem Plan.

Doch wer kann und will derartige Grenzlinien ziehen, wenn die KI-Entwicklung globalen Charakter trägt und im internationalen Wettbewerb um die besten Applikationen und Absatzmärkte gerungen wird? Globales Denken *und* Handeln sind in der KI-Entwicklung gleichermaßen und weltweit gefordert. Die digitale Lebenswelt des Menschen ist globalisiert.

Ist eine von Kapital und Profitstreben gesteuerte Gesellschaft in der Lage, eine weltumspannende humanistische Wertebildung nachhaltig zu befördern und eine Grenze (rote Linie!) von starker, gegen

---

[27] Vgl. Kenza Ait Si Abbou: Menschenversteher. Wie Emotionale Künstliche Intelligenz unseren Alltag erobert, Droemer Verlag, München 2023

den Menschen gerichteter KI zu ziehen?

Sind Forschergeist und Fortschrittsgläubigkeit entfesselt, gibt es keinen Grund, diese Technikentwicklung aufzuhalten. Das geschieht noch mehr, wenn intelligente Roboter zu Kriegsmaschinen entwickelt und eingesetzt werden. Cyberangriffe stehen bereits auf der Tagesordnung. Die Grenzen sind hier schon lange überschritten.

Das Resümee. Von allen Szenarien scheint das vierte trotz Einschränkungen das größte nachhaltige, humanistische Entwicklungspotenzial in sich zu tragen. Es appelliert eindringlich an das Gewissen und die Verantwortung des Menschen für eine humanistische KI-Entwicklung. In der selbst auferlegten Kontrolle liegt m. E. am ehesten die Möglichkeit, einer ungebremsten KI-Entwicklung Einhalt zu gebieten.

Auf die Psychologie des Guten im Menschen zu setzen, die auch das Böse einschließt, ist nicht zwingend die beste Voraussetzung für ein Gelingen humanbestimmter und -nachhaltiger KI-Entwicklung. Sie ist und bleibt im Wesen des Menschen verankert und naturbestimmt ein Grenzgang zwischen dem Guten und dem Bösen.

Wenn der Mensch sich seiner Einzigartigkeit natürlicher (oder göttlicher) Schöpfung, seiner spirituellen Kraft gegenüber sich selbst und der Natur bewusst wird, ist Hoffnung auf ein zukünftiges Menschsein gegeben.

Alles ist offen, unbestimmt und ohne Nachspielzeit. Der Versuch, vier Szenarien zu skizzieren, macht für sich schon deutlich, in welcher Diversifikation Zukunft verlaufen kann. Sie zeigt sich nach vorne offen und unbestimmt, weil deren Voraussagbarkeit an eine höchst komplexe und dynamische Lebenswirklichkeit geknüpft ist. Angesichts gesellschaftlicher Indeterminiertheit und bestehender Selbstorganisation liegt es in der Verantwortung des Menschen, Gesellschafts- und Technikentwicklung mit Bedacht zu gestalten und deren Sinngebung mit Schritt und Tritt zu hinterfragen und zu begleiten. Der Mensch allein hat es in der Hand, die Entwicklung und Richtung seines Seins zu bestimmen.

Die Tatsache, dass die menschliche Gesellschaft sich wie ein offenes, dynamisches System verhält, lässt die Verantwortung des Menschen in dieser Gesellschaft schwer wiegen, weil in der Dynamik von Gesellschafts- und Technikentwicklung die *Ver*rücktheit von besonderem Gewicht ist.

Es ist mehr als bedeutsam, dass der Mensch in dieser Lebenswelt sein mit Nachhaltigkeit fortschreitendes *Weg*rücken begreift. Altbestände an Werten, Denk- und Verhaltensweisen bedürfen der Erneuerung. Alte sind über Bord zu werfen, Neues ist zu kreieren.

Globalisierung und Digitalisierung werden das menschliche *Ver*rücken weiter vorantreiben. Dafür braucht es den adäquaten menschlichen Denk- und Handlungsschluss von *resonanter Humanität*, auf deren Basis Mensch, Natur und Technik sich mit ihren Stimmen gegenseitig zum Klingen bringen. Passiert dies unangemessen, schwerfällig, verfremdet, dann stellt sich kein fortschreitendes, zukunftsfähiges *Ver*rücken ein. Stattdessen zerdrücken sie sich, was einer Zerstörung des Zukünftigen gleichkäme.

Vielleicht ist die Zuhilfenahme der Philosophie ein möglicher Denkansatz, sich dem vom Menschen geschaffenen Zerstörungspotenzial Künstlicher Intelligenz entgegenzustellen und sich jenen *Ver*rücktheiten zuzuwenden, die dem Menschen *und* der Künstlichen Intelligenz gleichermaßen eine nachhaltige Entwicklung geben.

Diese Aussicht ist entwickelbar, wenn alles Leben auf die Grundlage folgender Werte gestellt wird und in den Humanismus eingebunden sind: **Freiheit und Verantwortung, Dialog und Vertrauen.**

Diese Werte in einer vernetzten Struktur zu begreifen und ihnen im praktischen Leben einen gebührenden Raum zu geben, eröffnet uns die Möglichkeit für ein neuerliches Lernen, das wiederum eine nachhaltige Entwicklung in Gang setzt.

Verantwortung kann nur in Freiheit gelebt werden und umgekehrt. Wer bereit ist, Verantwortung zu übernehmen, dem sind gestalterische Freiräume zu gewähren. Wer *Freiheit* für sich beansprucht, ist auch in der Pflicht, Verantwortung zu tragen. Nicht selten begegnen wir Menschen, die nach Freiheit rufen und dabei die Verantwortung vergessen oder an andere abgeben. Wenn der Mensch sich die Freiheit herausnimmt, dem Forscher- und Entwicklungsdruck nach neuer Künstlicher Intelligenz zu folgen, dann ist es seine Verantwortung, KI-Entwicklung so zu gestalten, dass die Würde des Menschen und dessen Selbstbestimmtheit nicht verlorengehen und der Mensch sich nicht der Gefahr aussetzt, die originäre Macht seines Daseins abzugeben. Alle KI-Entwicklungen und daraus erwachsene Applikationen werden in Bezug auf Freiheit und Verantwortung auf den ethisch-moralischen Prüfstand zu stellen sein. Beide Werte sind gleichermaßen von Bedeutung, weil sie Grundwerte menschlichen Lebens sind, die sich einander bedingen. Sie sind so aufeinander abzustimmen, dass sich diese Werte wechselseitig entfalten können und auf das Lernen lebens- und zukunftsgestaltend wirken.

Dialog und Vertrauen als die zwei weiteren Werte im Wertequadranten tragen gleichsam zur obigen Sinnstiftung bei. Dialog als Kommunikation im Austausch unterschiedlicher Meinungen braucht Vertrauen auf einem Resonanzboden. Dieses Vertrauen befördert Offenheit im Dialog. Der Dialog ist selbst Ausdruck bestehenden Vertrauens. Vertrauen erzeugt Dialog und jeder Dialog befördert das

Vertrauen.

Forschung und Entwicklung in dem für mein Verständnis sehr sensiblen Bereich der Künstlichen Intelligenz setzt mit jedem weiteren Fortschritt wachsendes Vertrauen und Dialog voraus. Meinungsbildung ohne Geheimnisse ist das Bekenntnis.

Die beschriebene Paarbildung der vier Werte in diesem Quadranten lässt sich im Weiteren ergänzen: Der Wert Freiheit wirkt auf Dialog und Vertrauen. Das gilt auch für den Wert Verantwortung in Beziehung zu Dialog und Vertrauen und umgekehrt. Der Dialog lebt in einer dialogischen Freiheit. Ein Dialog ist es nur, wenn er sich in einer freien, resonanten Meinungsbildung bewegt und von den Partnern verantwortungsvoll wahrgenommen wird. Sie zuzulassen braucht beidseitiges Vertrauen der Gesprächspartner. Geschenktes Vertrauen in einem Dialog schafft Freiheit in der Meinungsäußerung. In allem hat die Verantwortung ihren Platz. Es ist die Verantwortung der Kommunikationspartner, den Dialog zu suchen und in Freiheit, vertrauensvoll, wertschätzend miteinander umzugehen.

Eine wechselseitige Wertegestaltung öffnet die Tür für das *Lernen* – sei es in den Formen des Veränderungs-, Anpassungs- und Lernen-Lernens[28]. Über dieses Gelernte wird letztlich das Gestalten, Verändern, Entwickeln freigesetzt. Sind diese Werte in Forschung und Entwicklung fest verankert, ist Platz für die Künstliche Intelli-

---

28 Alle drei Lernformen wirken unterstützend, wenn es darum geht, menschliche Entwicklungen in Gang zu setzen bzw. Resilienzen zu schaffen und Resonanzen aufzubauen. Veränderungs-Lernen auf ein Lernen in einem aktiv initiierten Gestaltungsprozess. Hierbei nimmt die Fähigkeit zur Selbstwirksamkeit einen wichtigen Platz ein. Anpassungs-Lernen ist die Fähigkeit, sich auf objektive Veränderungen einzustellen und im weiteren Handeln zu akzeptieren. Das Lernen-Lernen ist durch ein problemorientiertes Lernen bestimmt. Zu ihm gehört u. a., aus Fehlern zu lernen oder die eigene Lernkompetenz optimieren zu können.

genz in der Gesellschaft. Sie lässt ihr einen Gestaltungsraum, jedoch in bewegten Grenzen. Die Grenzziehung findet dort statt, wo der Mensch unkontrolliert seine Verantwortung abgibt, abgeben will oder muss, die Handlungsfreiheit als eingeschränkt wahrgenommen wird und die Werte Dialog und Vertrauen in der Mensch-Technik-Beziehung gestört sind.

Die lauernde Gefahr einer gestörten Beziehung zwischen Mensch und einer mit Künstlicher Intelligenz ausgestatteten Maschine braucht den direkten Einfluss eines *resonanten Humanismus als Normativ und Regulativ*.

Es ist der Blick auf die Resonanzbildung, zusammen mit den o. g. Werten Verantwortung und Freiheit, Dialog und Vertrauen, frei von Macht-, Gier- und Profitstreben, der anzumahnen ist.

Es ist die Sicht des Menschen auf einen Androiden (humanoider Roboter), in welchem Verhältnis er sich zu ihm setzt und wie er mit ihm umgehen will. Die Verfügbarkeit und der Qualität der Resonanzfähigkeit derartiger KI, Stimmungen bzw. Gefühle auszudrücken, deren Beziehung zum Menschen zu beschreiben und zu reflektieren, wird für das gemeinsame Schicksal zwischen Mensch und Maschine bestimmend sein.

Ist zwischen Mensch und KI eine Resonanzbildung möglich, gibt es Hoffnung für beide. Die einzelnen Wertigkeiten entstandener und sich weiterentwickelten Resonanzen sind von Bedeutung, wenn sie von positiven, humanistischen Selbstwirksamkeitserwartungen bestimmt sind und Menschen sich untereinander genauso resonant erreichen und berühren wie der Mensch seine KI und umgekehrt. Das ist die Grundlage für ein gegenseitiges Anerkennen und Wertschätzen. Entscheidend ist die beidseitige Resonanz*fähigkeit*. Das Entstehen und Wachsen einer *Emotionalen Künstlichen Intelligenz* kann hierfür ein wichtiger Entwicklungsprozess zur Herausbildung dieser Kompetenz sein.

Lassen Sie mich die Thesen und deren Kommentierung mit einem Zitat schließen, dass ich aus dem Buch von Fritjof Capra, betitelt Wendezeit, Bausteine für ein neues Weltbild, entnommen habe. F. Capra beginnt sein Buch mit einem Text aus *I Ging*, dem *Buch der Wandlungen*. Es beinhaltet eines der ältesten chinesischen Texte, deren Entstehungsgeschichte bis in das 3. Jahrtausend v. Chr. zurückreicht.

Nach einer Zeit des Zerfalls kommt die Wendezeit.

Das starke Licht, das zuvor vertrieben war, tritt wieder ein.

Es gibt Bewegung. Diese Bewegung ist nicht erzwungen ...

Es ist eine natürliche Bewegung, die sich von selbst ergibt.

Darum ist die Umgestaltung des Alten auch ganz leicht.

Altes wird abgeschafft, Neues wird eingeführt,

beides entspricht der Zeit und bringt daher keinen Schaden.[29]

---

[29] Vgl. Scherz Verlag, Bern und München 1987, S. V

LITERATUR und Leseempfehlungen

Abbou, Kenza Ait Si: Menschenversteher. Wie Emotionale Künstliche Intelligenz unseren Alltag erobert, Drömer Verlag, München 2023

Bischoff, Christian: Bewusstheit, Ariston Verlag, München 2020

Dahaene, Stanislas: Denken. Wie das Gehirn Bewusstsein schafft, Albrecht Knaus Verlag, München 2014

Distelmeyer, Jan: Kritik der Digitalität, Springer Verlag, Fachmedien, Wiesbaden 2021

Findl-Ludescher, Anna, Michael Rosenberger (Hrsg.) Spiritualität @ Digitalität. Spirituell-theologische Wahrnehmungen der digitalen Medien (Arbeitsgemeinschaft Theologie der Spiritualität, Studien zur Theologie der Spiritualität, Bd. 3), Dokumentation zur Jahrestagung 2018 in Würzburg

Jaeger, Lars: Wissenschaft und Spiritualität, Springer Verlag, Berlin 2016

Klein, Stefan: Wie wir die Welt veränderten. Eine kurze Geschichte des menschlichen Geistes, S. Fischer Verlage, Frankfurt a. M., 2021

Klix, Friedhard: Erwachendes Denken. Eine Entwicklungsgeschichte der menschlichen Intelligenz. Deutscher Verlag der Wissenschaften, Berlin 1983

Hanstein, Thomas und Lanig, Andreas K.: Spirituelle Kompetenz in digitalen Lern- und Arbeitswelten, Tectum Verlag, Baden-Baden 2020

Hesse, Hermann: Siddhartha. Eine indische Dichtung, Suhrkamp Verlag, Taschenbuch 182, Frankfurt a. M. 2018

LeDoux, Joseph: Bewusstsein. Die ersten vier Milliarden Jahre, Klett-Cotta 2021

Nida-Rümelin, Julian; Natalie Weidenfeld: Digitaler Humanismus – Ethik für das Zeitalter der Künstlichen Intelligenz, Piper Verlag, München 2018

Noller, Jörg: Philosophie der Digitalität. Realität – Virtualität – Normativität, J. B. Metzler Verlag, Heidelberg 2022

Noller, Jörg: Digitalität. Zur Philosophie der digitalen Lebenswelt, Schwabe Verlag, Basel 2022

philosophieMAGAZIN: Macht künstliche Intelligenz freier? Heft 6/2023, Dossier, S. 42 - 63

Precht, Richard David: Künstliche Intelligenz und der Sinn des Lebens, Goldmann Verlag, München 2020

Reckwitz, Andreas: Die Gesellschaft der Singularitäten. Zum Strukturwandel der Moderne, Suhrkamp Verlag, Berlin 2019

Rosa, Hartmut: Resonanz. Eine Soziologie der Weltbeziehung, Suhrkamp Verlag, Berlin, 2016

Riesewieck, Moritz und Block, Hans: Die digitale Seele. Unsterblich werden im Zeitalter der Künstlichen Intelligenz, Goldmann Verlag, München 2020

Spiekermann, Sarah, Digitale Ethik. Ein Wertesystem für das 21. Jahrhundert, Droemer Verlag, München 2019

Stalder, Felix: Kultur der Digitalität, Suhrkamp Verlag, Berlin 2019

Wilber, Ken: Integrale Spiritualität. Spirituelle Intelligenz rettet die Welt, Kösel Verlag, München 2005

ÜBER DEN AUTOR

Hans-Jürgen Stöhr, Jg. 1949, in Parchim bei Schwerin geboren, ist seit 2012 Inhaber der Rostocker Philosophischen Praxis. Von ihr geht die Initiative aus, das Philosophieren aus dem Hörsaal der Universität auf die Straße zu tragen und es für jene interessant zu machen, die Lust und Freude an dieser Denkkunst verspüren. Hierfür werden von der Philosophischen Praxis verschiedene Formate angeboten. Dazu gehören die klassische Beratung und Lebensbegleitung Einzelner als auch Veranstaltungen wie das Philosophische Café und der Philosophische Salon, die auf ein öffentliches, bürgernahes Philosophieren ausgerichtet sind.

Nach mehrjährigem, regulärem Philosophie- und Forschungsstudium, in Kombination mit Biologie an der Humboldt-Universität zu Berlin führte sein Weg 1975 an die Rostocker Universität, an der er in Lehre und Forschung bis 1991 tätig war. H.-Jürgen Stöhr leitete die Forschungsgruppe „Philosophie – Naturwissenschaften" sowie in Nachfolge von Prof. Dr. Heinrich Vogel (1933–1978) den von ihm 1964 gegründeten universitären Arbeitskreis „Philosophie und Wissenschaften", in denen im Schwerpunkt erkenntnistheoretisch-methodologische Fragen der Wissenschaften bearbeitet und diskutiert wurden. (vgl. Klaus Ehlers und Hans-Jürgen Stöhr: Rostocker Philosophische Manuskripte. Ein Dialog zwischen Philosophie und Einzelwissenschaft, in: Ausgänge. Zur DDR-Philosophie in der 70er und 80er Jahren, hrsg. von Hans-Christoph Rauh und Hans-Martin Gerlach, Ch. Links Verlag, Berlin 2009, S. 400 ff.)

Seine freiberufliche Tätigkeit begann 1993 am von ihm gegründeten Institut für ökosoziales Management. Bildung, Beratung und Projektentwicklung in den Bereichen Gesundheit, Soziales und

Umwelt waren neben der Geschäftsführung die zu leistenden Kernaufgaben.

Während der universitären Tätigkeit erschienen diverse Publikationen. H.-Jürgen Stöhr stand ab 1980 in inhaltlicher und redaktioneller Verantwortung für die Reihe „Rostocker Philosophische Manuskripte", die zur Zeit der „Wende" 1991 mit den Heften 30 und 31 über Komplexität in Philosophie und Wissenschaften zu Ende ging.

Im Rahmen der Tätigkeit in der Philosophischen Praxis und im Zusammenhang mit den Rostocker Philosophischen Tagen sind folgende Publikationen erscheinen:

Scheitern im Grenzgang. Wie das Scheitern hilft, das Leben besser zu verstehen, Romeon Verlag, Kaarst 2017

Alles Wirkliche ist Begegnung. Eine philosophisch-psychologische Reise in die Welt der Begegnungen, Books on Demond Verlag, Norderstedt b. Hamburg, 2019

Alt wie ein Baum. Wenn das Alter*n* uns zum Leben erweckt, Books on Demond Verlag, Norderstedt b. Hamburg, 2020

Alter*n* kennt *keine* Zeit. Gedanken über Zeit und Zeitgelassenheit in unserer Lebenswelt, Books on Demond Verlag, Norderstedt b. Hamburg, 2022

Spiritualität · Digitalisierung · Digitalität. Lebenswelten unserer Zeit. Kräfte kulturellen Wandels im Zeitalter der Künstlichen Intelligenz. Brauchen wir eine neue Ethik? – In zwei Teilbände Books on Demond Verlag, Norderstedt b. Hamburg, 2024

Während der Philosophischen Tage erhalten Sie bei Kauf nachstehender Bücher einen Vorzugspreis.

5,- € statt 18,90 €

7,- € statt 16,99 €

8,- € statt 17,99 €

5,- € statt 10,50 €

ISBN   978-3-75789-129-9   ISBN   978-3-75830-248-0

Beide Teile des Buches zum Vorzugspreis von 20,- € bzw. 22,- € statt 25,- € zu den 4. Rostocker Philosophischen Tagen.

Zum Nachdenken

Schauen Sie sich die beiden Cover des zweiligen Buches an. Sie erkennen einen Unterschied – und doch gibt es zwischen ihnen einen inhaltlichen Zusammenhang. Wie würden Sie die beiden Titelbilder für sich und in Einheit der beiden Teile interpretieren? Zu welchen Schlussfolgerungen kommen Sie angesichts heutiger KI-Entwicklung?

PSYCHOLOGISCHE oder PHILOSOPHISCHE PRAXIS

Worin besteht der kleine und doch so große Unterschied?

Die bekannte rote Couch von Siegmund Freund steht heute noch sinnbildlich für eine Therapie bei einem Psychologen oder psychotherapeutisch arbeitenden Arzt oder Ärztin. Der Anteil jener Klienten, die eine Psychologische Praxis aufsuchen, ist heute eher mehr als weniger geworden. Die Gründe dafür sind vielfältig. Lange Wartezeiten werden in Kauf genommen, obwohl nicht in jedem Fall psychotherapeutische Beratung erforderlich ist.

Vielen Menschen ist die Existenz von Philosophischen Praxen unbekannt oder sie werden mit den herkömmlichen Psychologischen Praxen verwechselt. Was unterscheidet die beiden Praxen voneinander? Wann macht es Sinn, zu einem Philosophen und nicht zu einem Psychologen in eine Beratung zu gehen?

Philosophische Praxen haben sich seit fast fünfzig Jahren zu einem eigenständigen Ort, mit Anspruch auf eine begleitende, *weltanschauliche, lebensphilosophische, ethisch-moralische* Beratung als Hilfe zur Selbsthilfe für das eigene Leben entwickelt.

Eine *Therapie* des menschlichen Verhaltens oder des Geistes, vielleicht gepaart mit der Einnahme von Medikamenten, steht im Zentrum eines angestrebten Heilungsprozesses. Der Weg zum (ärztlichen) Psychologen/Psychotherapeuten macht dann Sinn, weil es nicht die Aufgabe eines Pholosophen ist, Verhaltens- oder kognitive Störungen zu heilen. Hier sind Psychiater und Psychologen gefragt.

Der philosophische Arbeitsansatz ist unpathologisch. Er wendet sich menschlichen Lebenskrisen, Konfliktsituonen zu, die letzlich zu persönlichen Sinnfragen des Lebens führen. Ziel ist es, aus einer philosophischen, z. B. ethisch-moralischen Fragestellung, Antworten zu finden, die aus dem „gesunden Zustand" heraus im Denken und Handeln einen Perspektivwechsel ermöglichen.

Der philosophische Praktiker ist nicht der alternative Psychotherapeut, sondern er ist *die* Alternative zum Psychologen, um mit dem Gast auf *gleicher Augenhöhe gemeinsam in ein dialogisches Denken* über das eigene Leben zu gehen.

Fragen über das persönliche Leben, Antwort auf die Frage nach dem Sinn des eigenen Daseins zu finden, haben ihren Platz in der Philosophischen Praxis. Was ist für mich ein gutes Leben? Was ist Liebe? Was bedeutet Partnerschaft für mich? Soll/darf ich mich vom Partner*in trennen, auch wenn er unheilbar krank ist? Wie will ich mein Lebensende gestalten? – Das Recht auf ein eigenständiges, sinnbestimmtes Lebens ist eine Frage der Ethik und Moral, also von philosophischer Natur.

Informieren Sie sich über das Wirken einer Philosophischen Praxis, was sie zu leisten vermag und auch, worin ihre Grenzen bestehen. Lernen Sie Prinzipien des Philosophischen Dialoges kennen. Mehr Informationen über die Arbeitsweise der Philosophischen Praxis erfahren Sie auf der Internetseite unter

www.gescheit-es.de
Rostocker Philosophische Praxis
Parkstr. 10 · 18057 Rostock
info@gescheit-es.de